GO! GO!
과학
특공대
17

조각조각 분수

정완상 지음

BooksHill
이치사이언스

| 이 책은 각 스테이지별로 재미있는 이야기와 함께 다채로운 코너들로 꾸며져 있습니다.

수학 동화
주인공과 함께 가상현실을 모험하면서 수학 원리와 개념을 쉽고 재미있게 익힐 수 있어요.

과학 영재 되기
이야기에 나왔던 수학 원리와 개념을 교과서와 연관하여 보다 자세하게 배울 수 있어요. (2009년부터 단계적으로 시행되고 있는 새로운 교육과정 기준)

실력 쌓기 퀴즈퀴즈
기본 다지기/ 서프라이즈 진실 혹은 거짓/ 알쏭달쏭 내 생각 등의 다양한 퀴즈를 통해 학습 개념과 관련된 놀랍고 흥미로운 사실들을 알 수 있어요.

부록: 수학자가 쓰는 수학사
이 책의 내용과 관련 있는 과학자가 직접 들려주는 자신의 삶과 업적을 통해 과학자를 더욱 친근하게 만날 수 있어요.

추천의 글

여러분은 상상이 잘 안 되겠지만 선생님은 초등학교 시절 교과서 외에 읽을 수 있는 책이 없었습니다. 한 권 있는 지도책을 보고 또 보며 세계 여러 나라와 도시 이름을 외우며 상상의 나래를 펼치곤 했지요.

50여 년이 지난 지금도 그때 너덜너덜해진 지도책을 생각하면 저절로 지구상의 모든 나라들이 머릿속에 그려집니다. 읍내에 있는 중학교에 들어가면서 다행히 뉴턴과 아인슈타인, 에디슨 등과 같은 인물들을 책으로 만날 수 있었고, 그때부터 선생님은 과학자가 되겠다는 꿈을 키웠고 대학에서 과학을 전공하고 교수가 되었습니다.

책은 우리 미래를 밝히는 등대입니다. 선생님은 "GO! GO! 과학특공대"가 여러분을 더 넓은 세상과 더 나은 미래로 이끄는 푸른 신호등이 되리라 확신합니다. 여러분이 학교에서 배우고 있는 내용들을 즐겁고 재미있게 느끼도록 만들었으니까요.

위대한 과학자 뉴턴은 "나는 진리의 바닷가에서 반짝이는 조개껍질 하나를 줍고 기뻐하는 어린아이와 같다."라고 했습니다. 여러분도 "GO! GO! 과학특공대"를 읽고 뉴턴이 느꼈던 그 기쁨을 마음껏 누려보길 바랍니다.

전우수(전 한국 초등과학교육학회 회장 · 공주교육대학교 교수)

이 책을 읽는 어린이들에게

언제나 날 본체만체하는 우리집 야옹이를 알아가는 것, 친구와 하는 내기에서 빨리 셈하는 방법을 알아내는 것, 밤하늘의 반짝이는 별들의 이름을 찾아보는 것은 즐거운 일이지만, 생물을 공부하고, 수학을 공부하고, 과학을 공부를 하는 것은 어렵습니다.

아니, 솔직하게 말해서 공부는 어렵다기보다 하기 싫은 것이죠. 그럼 왜 공부가 하기 싫을까요? 그것은 어른들한테도 어느 정도 책임이 있답니다. 어른들은 1등, 2등밖에 모르기 때문입니다. 사실 엄마 아빠도 모두가 1, 2등을 한 것도 아니면서 말입니다.

학교 갔다 와서 친구들과 축구를 한다거나 컴퓨터 게임을 하면 재미있죠. 맞습니다. 이 글을 쓴 선생님도 학교 갔다 오면 친구들과 동네를 휩쓸고 다니며 노는 것이 공부보다 즐거웠답니다. 그렇게 놀기만 하다 보니 공부가 점점 더 싫어지더라고요.

그러다가 된통 어머니께 꾸중을 들은 날이 있었습니다. 그날 눈물콧물 줄줄 흘리며 혼자 방 안에 앉아 있는데 '그렇게 놀기만 해서는 커서 빈털터리 건달밖에 안 돼.'라는 어머니 말씀이 자꾸 생각나더라고요. 그래서 공부하는 데 취미를 붙여 보려고 책 읽는 연습부터 했죠. 하기 싫은 것을 억지로 한다고 해서 될 것이 아니라는 것을 알았기 때문에, 책 읽는 연습부터 한 거예요.

일을 안 하고는 생활할 수 없듯이, 여러분도 아주 조금씩이라도 공부에 관심을 가져야 합니다. 이건 경험을 통해 알게 된 거예요.

그래서 전 어렸을 때 저처럼 아주 공부하기를 지겨워하는 학생들을 위해 이 책을 썼습니다. 이 책을 재미있게 읽다 보면 몰입하는 즐거움을 느낄 수 있습니다.

몰입이 뭐냐고요? 몰입은 한 가지 일에 푹 빠지는 것을 말합니다. 그러다 보면 바깥이 궁금하거나 컴퓨터를 켜고 싶은 생각은 싹 사라지고, 궁둥이도 무거워지겠지요.

이 책에서 여러분은 꼭 배워야 할 내용들을 생활이며, 체험이며, 놀며 즐기는 놀이로 알아갈 수 있습니다. 어떻게 그렇게 하냐고요? 이 책을 통하면 못할 것이 없습니다. 어디든 갈 수 있고 무엇이든 할 수 있죠. 이 책의 주인공들이 경험하는 일들은 모두 우리가 배워야 할 것들이고, 신기하게도 이 친구들을 따라가다 보면 지겨울 틈도, 졸릴 틈도 없답니다.

사실이냐고요? 그럼 선생님 말이 맞나 안 맞나 확인해 보면 되죠. 책장을 펼치고 기대해 보세요. 선생님이 공부를 즐겁게 할 수 있는 마법을 걸어 줄게요. 준비가 되었다면 힘차게 책장을 넘겨 봅시다.

지은이 씀

차례

경우의 수 | 주인공 소개 ★ 08

스테이지 1 이 빠진 동그라미   분모가 같은 분수 ★ 10

수학 영재 되기_ 32
- 분수의 뜻 / 분수는 나눗셈이에요 / 분모가 1인 분수
  분자와 분모가 같은 분수 / 분자가 1이 아닌 분수
  여러 가지 분수 / 분모가 같은 분수의 덧셈과 뺄셈
- 생활 수학 카페: 투구 이닝수와 분수_ 39

실력 쌓기 퀴즈퀴즈_ 40
- 기본 다지기 / 서프라이즈 진실 혹은 거짓 / 알쏭달쏭 내 생각

아하! 알았다 정답_ 42

스테이지 2 둥둥 유령   분모가 다른 분수의 덧셈과 뺄셈 ★ 44

수학 영재 되기_ 68
- 분모가 다른 분수의 덧셈 뺄셈 / 약분
- 생활 수학 카페: 타율과 분수_ 72

실력 쌓기 퀴즈퀴즈_ 73
- 기본 다지기 / 서프라이즈 진실 혹은 거짓 / 알쏭달쏭 내 생각

아하! 알았다 정답_ 76

스테이지 3   일당 문제   분수의 곱셈과 나눗셈 ★ 78

수학 영재 되기_ 94
- 분수의 곱셈 / 자연수와 분수의 곱셈 / 분수의 나눗셈
- 생활 수학 카페: 이중창과 분수의 곱셈_ 98

실력 쌓기 퀴즈퀴즈_ 99
- 기본 다지기 / 서프라이즈 진실 혹은 거짓 / 알쏭달쏭 내 생각

아하! 알았다 정답_ 102

스테이지 4   여신과의 대결   여러 가지 분수식 ★ 104

수학 영재 되기_ 122
- 여러 가지 분수식
- 생활 수학 카페: 제논 패러독스_ 124

실력 쌓기 퀴즈퀴즈_ 126
- 기본 다지기 / 서프라이즈 진실 혹은 거짓 / 알쏭달쏭 내 생각

아하! 알았다 정답_ 128

부록 | 아메스가 쓰는 수학사 ★ 130

[주인공 소개]

안녕? 나는 매쓰팬이라고 해.

매쓰팬

수학천재 매쓰팬은 12살 소년이다.

매쓰팬은 다른 아이들처럼 학교에 다니지 않고,

아빠가 만들어 주신 MR로 무엇이든 공부할 수 있다.

MR이 뭐냐고?

MR은 Mathematical Reality!

번역하면 '수학현실'이라는 프로그램이다.

우리가 가상현실 게임 속에서

로켓 조종사가 되기도 하고

골프선수가 되기도 하듯

매쓰팬은 MR을 통해 다양한 세계를 여행하면서

수학에 대한 모든 것을 배울 수 있다.

매쓰팬이 오늘 배우고 싶은 주제는 '분수'에 관한 것이다.
수학천재에게 그런 게 왜 필요하냐고?
아빠는 기본 개념에 충실해야 한다고 항상 강조하신다.
그래서 매쓰팬은 분수에 대한 MR을 시행하기로 결심했다.
매쓰팬이 MR의 초기화면에서 '**수학 〉 분수**'를 선택하자
다음과 같은 메시지가 나타났다.

분수에 대한 MR 프로그램입니다.
당신은 다음 상황을 체험하게 됩니다.

☐ 분수와 도형의 나라에서 길을 잃다.

스테이지 1

이 빠진 동그라미
분모가 같은 분수

분모가 같은 분수의 덧셈 뺄셈은 어떻게 할까?
분모가 같은 분수에 대한 모든 것을 알아보자.

매쓰팬은 눈 깜짝할 사이에 정체를 알 수 없는 낯선 곳으로 툭 떨어졌다. 드디어 탐험이 시작된 것이다.

주위는 안개가 자욱했다. 시간이 지날수록 안개는 점점 짙어졌고, 사방을 둘러싸고 있는 안개 때문에 매쓰팬은 미로 속에 갇힌 기분이었다. 매쓰팬은 앞을 향해 천천히 걸음을 옮기기 시작했다.

잠시 후, 매쓰팬의 눈앞에 어렴풋이 무언가가 나타났다. 눈을 가늘게 뜨고 가만히 살펴보니 동그라미들이었다. 동그라미들은 자기들끼리 팽팽 돌기 시작하더니, 마치 경쟁이라도 하듯이 갑자기 어딘가를 향해 쏜살같이 굴러가기 시작했다.

'이게 다 뭐지? 여긴 도대체 어디야?'

매쓰팬은 지금 눈앞에서 일어난 이상한 일이 어리둥절하기만 했다.

"흠, 이번에는 만만치 않은 여행이 되겠는데! 아직까지는 아무 일도 생기지 않았으니 다행이군."

매쓰팬은 고개를 절레절레 흔들며 혼잣말을 중얼거렸다.

그런데 그 말이 끝남과 동시에 '쾅' 하는 소리와 함께 매쓰팬은 그대로 정신을 잃고 말았다.

얼마나 지났을까? 매쓰팬이 눈을 떴을 때 안개는 어느새 사라진 뒤였다. 매쓰팬이 쓰러진 곳은 드넓은 들판이었다. 들판은 형형색색의 꽃들과 키 작은 잡초들이 바람에 흔들리며 알록달록한 파도가 일렁이고 있었다.

매쓰팬은 들판의 일렁이는 무지개를 바라보다 자신의 발

치에 쓰러져 있는 동그라미를 발견했다. 그런데 동그라미치고는 조금은 불완전해 보이는 모양이었다. 어쨌든 매쓰팬이 정신을 잃기 전에 난 '쾅' 소리는 이 동그라미와 부딪히면서 난 게 틀림없었다. 매쓰팬은 뒤통수가 욱신거렸다.

"동그라미야!"

매쓰팬이 동그라미를 살며시 흔들었다. 혹시라도 다쳤을까봐 몹시 걱정되었다.

"콜록, 콜록…… 저기……."

동그라미는 가느다랗게 실눈을 뜨고는 들릴 듯 말 듯한 목소리로 매쓰팬을 불렀다.

하지만 동그라미의 목소리가 너무 작아서 그 소리를 듣지 못한 매쓰팬은 계속 동그라미를 흔들었다. 그런데 갈수록 매쓰팬이 세차게 흔드는 통에 동그라미는 멀미가 날 지경이었다.

"저, 저, 저기……."

동그라미가 다시 힘을 내서 매쓰팬을 불렀다. 하지만 매쓰팬은 여전히 동그라미의 작은 목소리를 듣지 못했다.

"저, 저기…… 그, 만, 좀, 해!"

동그라미가 있는 힘을 다해 소리를 질렀다. 그 소리에 화들짝 놀란 매쓰팬은 뒤로 나자빠지며 엉덩방아를 찧고 말았다.

"아휴, 깜짝 놀랐잖아! 걱정했는데 말짱하네?"

"난 아까부터 계속 널 부르고 있었거든. 근데 내 말을 못 듣고 계속 흔들어댔잖아. 지금 속이 울렁거려 죽을 맛이라고."

"아, 미안……. 그건 그렇고 네가 정신을 차려서 정말 다행이야."

동그라미가 무사한 것을 확인하자 매쓰팬은 마음이 놓였다. 매쓰팬은 자기도 모르게 동그라미를 와락 껴안았다.

"살아줘서 고마워……."

그런데 동그라미 치고는 정말 확실히 뭔가가 이상했다. 동그라미의 한 귀퉁이가 이 빠진 것처럼 휑해 보였는데, 실제로 보니 역시 허공처럼 빈 공간이 느껴졌다. 매쓰팬은 동그라미를 안았던 팔을 슬그머니 풀었다.

"난 매쓰팬이라고 해. 너는 이름이 뭐냐?"

"$\frac{8}{10}$"

"뭐, $\frac{8}{10}$? 이름이 뭐 그래? 그럼, 넌 완전한 동그라미가 아니구나."

매쓰팬의 말에 동그라미는 훌쩍거리면서 울기 시작했다.

"지금은 비록 이 빠진 동그라미에 불과하지만…… 흑흑, 난 동그라미라고!"

"널 울리려는 의도는 아니었어······. 미안해!"

동그라미의 갑작스런 울음에 당황한 매쓰팬이 풀죽은 목소리로 말했다.

"예전에는 내가 얼마나 잘 달리는 동그라미 선수였는데······. 안 봤으면 말을 하지 마."

매쓰팬은 $\frac{8}{10}$을 어떻게 위로해야 할지 막막했다. 그런 매쓰팬의 마음을 아는지 모르는지 $\frac{8}{10}$은 더욱더 크게 울어 댔다.

"이제 알았으니까 제발 울음 좀 그쳐."

"알긴 뭘 안다고 그래?"

"그래, 사실은 잘 몰라. 그러니까 뭐가 문젠지 어서 얘기를 해 봐. 그래야 네 사정을 알지."

"얘기해도 넌 모를 거야. 엉엉!"

급기야 동그라미는 매쓰팬을 끌어안고 통곡하기 시작했다. 매쓰팬은 동그라미의 어깨를 다독이며 달래주었다. 한참을 울던 $\frac{8}{10}$은 겨우 진정하고 울음을 그쳤다.

그제야 매쓰팬은 $\frac{8}{10}$에게 다시 물을 수 있었다.

"도대체 왜 그렇게 운 거야? 얘기해 봐. 혹시 내가 도움을 줄 수 있을지도 모르잖아."

"사실은…… 혹시, 아까 안개 속에서 동그라미들이 막 달려가는 모습 봤어?"

"그래. 다들 엄청난 속도로 쌩쌩 달려가던데, 똥이라도 마려웠던 거야?"

"그건 우리 동그라미 세계에서 매년 열리는 달리기 경주야."

"달리기 경주?"

"1년에 딱 한 번 열리는데, 달리기를 제일 잘하는 최고의 동그라미를 뽑는 경주야. 바람처럼 빨리 달리는 게 얼마나 멋진 일인지 넌 모를 거야."

"그게 네가 운 거랑 무슨 상관있어? 네가 달리기 선수라도 돼?"

"그래, 난 달리기 선수야! 그것도 세 번이나 최고의 선수로 뽑힌 유명한 달리기 선수라고! 그런데 어느 날 밤, 잠든 사이에 누군가가 내 몸의 $\frac{2}{10}$ 를 떼어가 버렸어. 그래서 졸지에 난 이렇게 $\frac{8}{10}$이 되어 버렸지."

"맙소사!"

"분명히 날 시샘한 누군가가 그랬을 거야. 어쩌면 $\frac{9}{10}$일 지도 몰라. 작년에 간발 차이로 나한테 지고는 늘 분해했거든."

애기를 끝낸 동그라미는 입술을 꽉 깨물었다.

"그 뒤로 난 달리기를 잘 못해. 기우뚱 기우뚱하다 돌에 걸려 넘어지거나 구덩이에 굴러떨어지기 일쑤야. 난 꼭 나의 일부인 $\frac{2}{10}$를 찾아야 해. 그래서 이름도 사라져 버린 $\frac{2}{10}$를 기억하기 위해 $\frac{8}{10}$이라고 바꿨단다. 어서 하루빨리 완전한 동그라미 1이 되고 싶어."

매쓰팬은 $\frac{8}{10}$의 사연을 듣고 보니 참 안타깝다는 생각이 들었다. 그런 사정이 있는 줄도 모르고 $\frac{8}{10}$을 이 빠진 동그라미라고 놀렸으니 얼마나 속상했을까 생각하자 부끄러움에 얼굴이 화끈 달아올랐다.

"$\frac{8}{10}$, 나랑 $\frac{2}{10}$를 찾으러 가자! 너 혼자서는 달리기 힘드니까 내가 옆에서 도와줄게."

"정말?"

$\frac{8}{10}$이 들뜬 목소리로 물었다.

"당근이지."

매쓰팬이 의기양양하게 대답했다.

$\frac{8}{10}$은 매쓰팬과 부딪혔을 때, 이번 달리기 경주는 이상한 막대기 모양의 꼬마 때문에 망쳤다고 생각했다. 그러나 달리기 경주를 계속할 수 있다는 희망이 생기자 어느새 매쓰팬을 원망하는 마음이 고마움으로 바뀌었다.

매쓰팬과 $\frac{8}{10}$은 $\frac{2}{10}$를 찾아 길을 떠났다. $\frac{2}{10}$를 찾는 것은 모래밭에서 바늘 찾기 만큼 쉽지 않을지도 몰랐다.

매쓰팬은 어디서 $\frac{2}{10}$를 찾아야 할지 도무지 감이 잡히지 않았다. 그들은 무작정 들판을 걷기 시작했다. 한참 걷고 있는데, 들판 저 멀리로 우뚝 솟아 있는 느티나무 한 그루가 보였다. 나무 아래에는 $\frac{2}{10}$와 비슷해 보이는 부채꼴 모양의 누군가가 누워 있었다.

"$\frac{8}{10}$, 저길 봐! 혹시 $\frac{2}{10}$가 아닐까?"

"정말, 어서 가 보자!"

    매쓰팬과 $\frac{8}{10}$은 혹시 $\frac{2}{10}$일지도 모른다는 기대를 품고 느티나무를 향해 쏜살같이 달려갔다.

    느티나무 아래에 도착한 매쓰팬은 숨을 몰아쉬며, $\frac{8}{10}$의 비어 있는 부분에 잠들어 있는 부채꼴을 얼른 끼워보았다. 그런데 이게 웬 일! 부채꼴이 빈 곳에 딱 들어맞기는커녕 오히려 작아서 헐렁거렸다.

    "이상하네. $\frac{2}{10}$면 딱 들어맞아야 할 텐데……."

"이봐, 너희들 뭐야! 감히 잠자는 사자의 코털을 건드리다니……. 그리고 $\frac{1}{10}$인 나보고 $\frac{2}{10}$라고? 낮잠 방해하지 말고 혼나기 전에 어서 여기서 썩 꺼져!"

보기에는 비실비실 힘없어 보이는 $\frac{1}{10}$이 매쓰팬과 $\frac{8}{10}$에게 호통을 쳤다.

'그래. $\frac{1}{10}$과 $\frac{8}{10}$을 더하면 $\frac{9}{10}$일뿐 1, 즉 완전한 원이 되지 않아. 그러니까 $\frac{1}{10}$은 $\frac{8}{10}$의 짝이 될 수 없어.'

곰곰이 머릿속으로 계산하던 매쓰팬이 $\frac{8}{10}$에게 말했다.

"$\frac{8}{10}$, 네가 $\frac{2}{10}$를 만나면 1이 되어야 하는데, $\frac{1}{10}$을 더해도 너는 $\frac{9}{10}$밖에 되지 않아. 그러니까 이 부채꼴은 네 짝이 아니야."

"흐흑…… 맞아."

실망한 $\frac{8}{10}$이 눈물을 떨구었다. 매쓰팬도 마음이 아팠지만 지금으로선 아무것도 해줄 수가 없었다.

둘은 다시 길을 떠났다. 거의 하루 종일 $\frac{2}{10}$를 찾아다녔으나 $\frac{2}{10}$의 발자국 하나 발견하지 못했다.

날이 저물 무렵, 매쓰팬과 $\frac{8}{10}$은 들판 끄트머리에 있는

산을 오르고 있었다. 산 중턱에 이르렀을 무렵, 거대한 바위 위에 $\frac{2}{10}$와 비슷한 모양의 부채꼴이 가부좌를 틀고 앉아 있는 모습이 보였다.

"매쓰팬, 저길 봐! 왠지 저 부채꼴은 진짜 내 짝인 것 같아. 나무 밑에 있던 비실이 $\frac{1}{10}$보다 크잖아."

"정말! 좋아, 어서 가 보자."

매쓰팬도 이번에는 $\frac{8}{10}$의 반쪽이 틀림없을 거라고 확신했다. 둘은 엄청나게 큰 바위를 엉금엉금 기어 올라갔다.

부채꼴 앞에 도착한 매쓰팬은 바위를 올라오느라 숨이 차 헐떡이는 $\frac{8}{10}$에게 말했다.

"좋아, 네 몸에 이 부채꼴을 한번 끼워볼게."

$\frac{8}{10}$ 동그라미는 부채꼴이 자신의 빈틈에 잘 맞도록 옆으로 가서 엉거주춤 자세를 취했다. 하지만 부채꼴의 엉덩이가 $\frac{8}{10}$ 몸 밖으로 삐죽 튀어나왔다.

"어, 이상하다. 한쪽이 삐져나오네. 그럼 앤 누구지?"

"에헴! 나는 도 닦는 수련생 $\frac{3}{10}$이다. 너흰 누군데 내 몸에 함부로 손을 대는 거지?"

"헉, 미안해. 우리가 잠깐 착각을 했어. 우린 지금 $\frac{2}{10}$를 찾고 있거든."

$\frac{8}{10}$이 정중히 사과했다. 매쓰팬은 눈을 감고 잠시 생각에 빠졌다. 이것은 매쓰팬이 무언가 수학적인 계산을 할 때의 버릇이었다.

'$\frac{8}{10}$에 $\frac{3}{10}$을 더하면 $\frac{11}{10}$, 이것은 1이 되는 $\frac{10}{10}$보다 큰 분수야. 이 분수는 다시 $1\frac{1}{10}$로도 나타낼 수 있지. 따라서 $\frac{3}{10}$은 $\frac{8}{10}$의 짝이 될 수 없어.'

"아, 이 일을 어쩌지? 이 부채꼴도 네 짝이 아니구나."

"그럼, 도대체 그 애는 어디에 있는 걸까?"

기운이 빠진 $\frac{8}{10}$이 잠시 휘청거렸다. 매쓰팬은 $\frac{8}{10}$이 쓰러지지 않게 얼른 부축해 주었다.

"$\frac{2}{10}$는 분명히 어딘가에서 네가 오길 기다리고 있을 거야. 조금만 더 힘을 내자!"

매쓰팬은 $\frac{8}{10}$의 힘을 북돋아주기 위해 노력했다.

"참, 아까 저 밑에서 어떤 부채꼴이 짝을 찾는다며 울고 있더군. 지금도 있는지 모르겠지만, 한번 가보든지. 혹시 그 부채꼴이 $\frac{2}{10}$일지도 모르잖아?"

둘의 대화를 듣고 있던 $\frac{3}{10}$이 방금 생각났다는 듯이 말했다.

"도사님, 그게 정말이에요? 정말, 자기 짝을 찾는 부채꼴이었단 말이죠?"

"틀림없이 그렇게 말했어. 그리고 나 도사 아니다."

"고마워요, $\frac{3}{10}$ 도사님!"

"에헴! 도사가 아니라니깐. 스승님이 알면 수련생이 오만방자하다고 머리로 바위를 드는 벌을 주신단 말이다."

$\frac{3}{10}$ 은 그래도 '도사님'이라는 말이 듣기 싫진 않은지 사방을 힐끔거리며 웃었다.

$\frac{8}{10}$ 은 $\frac{3}{10}$ 의 말이 끝나기가 무섭게 그가 가리켰던 쪽으로 삐그덕삐그덕 달리기 시작했다. 매쓰팬도 그 뒤를 쫓아서 뛰어갔다.

"$\frac{8}{10}$, 천천히 가. 그렇게 서두르다 다치겠어!"

하지만 내리막길에서 가속도가 붙은 $\frac{8}{10}$ 은 속도를 줄일 수가 없었다. $\frac{8}{10}$ 은 혼자 데굴데굴 굴러가다가 결국 내리막길 끝에 있는 웅덩이에 '풍덩' 빠지고 말았다. 그리고는 그대로 바닥에 푹 처박혔다.

"아이고 나 죽네! 급할수록 돌아가라고 했는데, 마음이 급해 내가 너무 서둘렀구나."

웅덩이 속에서 몸을 이리저리 움직일수록 $\frac{8}{10}$ 은 진흙 속에 더욱더 깊이 박혀 들어갔다. 결국 혼자서는 웅덩이를 빠져나올 수 없게 된 $\frac{8}{10}$은 매쓰팬이 올 때까지 꼼짝없이 기다려야 했다.

"매쓰팬은 왜 이렇게 안 오는 거지? 빨리 와서 날 꺼내줘야 할 텐데……."

$\frac{8}{10}$이 중얼거리는데, 난데없이 누군가가 투덜대는 소리가 들려왔다.

"아이쿠, 이건 또 무슨 날벼락이람! 지금 웅덩이에 처박혀 있을 때가 아니라 어서 짝을 찾아야 하는데……. 어떤 얼간이가 물을 잔뜩 흐려놔서 앞이 잘 보이지도 않네. 케켁, 아휴 숨 막혀!"

가만히 들어보니 $\frac{3}{10}$이 말한 그 부채꼴이 분명했다.

간신히 웅덩이 밖으로 고개를 내밀고 투덜거리던 부채꼴은 인기척을 느끼고는 $\frac{8}{10}$을 향해 얼굴을 돌렸다.

"엄마야!"

"안녕? 나 말고 또 웅덩이에 빠진 친구가 있었네."

$\frac{8}{10}$은 미소를 지으며 인사를 건넸다.

"아휴, 놀라서 간 떨어질 뻔했잖아. 넌 누구냐?"

"난 $\frac{8}{10}$이라고 해. 넌?"

"뭐? 네가 정말 $\frac{8}{10}$이야?"

$\frac{8}{10}$이 막 대답을 하려는 순간, 매쓰팬이 숨을 헉헉거리며 웅덩이에 도착했다.

"그렇게 빨리 가면 어떡해. 쫓아오느라고 죽는 줄 알았잖아. 헉헉! 근데 얘는 누구야?"

"나? 난……."

갑자기 부채꼴이 훌쩍이기 시작했다. 부채꼴이 울기 시작하자 매쓰팬은 $\frac{8}{10}$을 만났을 때의 일이 생각나 덜컥 겁이 났다.

"으앙~ 난 $\frac{2}{10}$야."

"정, 정말?"

$\frac{8}{10}$이 흥분한 목소리로 외쳤다. 지금 자기 옆에서 울고 있는 부채꼴이 그토록 찾아 헤맨 $\frac{2}{10}$였던 것이다.

"네가 진짜 $\frac{2}{10}$란 말이야?"

매쓰팬도 믿을 수가 없었다.

"좋아! 정말 네가 $\frac{2}{10}$라면, $\frac{8}{10}$의 비어 있는 부분에 딱 맞아야 해. 그렇게 둘이 합쳐 1이 되면 너희는 완전한 동그라미가 될 수 있을 거야."

매쓰팬은 웅덩이의 진흙 바닥에 콕 박혀 있는 $\frac{2}{10}$와 $\frac{8}{10}$을 끄집어냈다. 그리고 두근거리는 마음으로 천천히 $\frac{8}{10}$의 빈틈에 $\frac{2}{10}$를 끼워 넣었다.

순간, 셋은 모두 숨을 죽였다. 부채꼴은 $\frac{8}{10}$의 빈틈에 완

벽하게 들어맞았다.

"정말 네가 $\frac{2}{10}$ 구나! 너를 얼마나 찾아다닌 줄 알아?"

"나 역시 그랬어. 네가 얼마나 보고 싶었는데……. 우리 다시는 헤어지지 말자."

서로 얼싸안고 좋아하는 $\frac{8}{10}$ 과 $\frac{2}{10}$ 의 상봉 장면은 감동 그 자체였다.

"매쓰팬, 정말 고마워!"

"그래, 이 모두가 다 네 덕분이야."

$\frac{8}{10}$ 과 $\frac{2}{10}$ 는 누가 먼저랄 것도 없이 매쓰팬에게 고마움을 표현했다.

"내가 뭘……. 난 그저 너희가 서로 찾는 데 함께 있어준 것뿐인걸."

서로 다른 모양의 $\frac{8}{10}$ 과 $\frac{2}{10}$ 가 하나의 동그라미가 되어 들판을 신나게 굴러가는 모습을 보니 매쓰팬은 마음이 뿌듯했다. 매쓰팬은 활짝 웃는 얼굴로 동그라미를 향해 손을 흔들어주고, 다음 여행을 위해 길을 떠났다.

당신은 스테이지 1을 통과했습니다.
다음 아이템을 받을 수 있습니다.

긴 지팡이

분수의 뜻

분수는 주로 1보다 작은 수를 나타냅니다. 분수를 쉽게 배울 수 있는 것은 피자 나눠 먹기예요. 피자 한 판을 2명이 똑같이 나눠 먹으려면 어떻게 해야 할까요? 물론 둘로 나누면 되겠지요.

피자 한 판을 1이라고 할 때, 이것을 둘로 나눈 한 조각을 $\frac{1}{2}$이라고 해요. 이때 분수의 가로 선 아래쪽의 수를 '분모' 위쪽의 수는 '분자'라고 하고 '이분의 일'이라고 읽어요.

$$\frac{1}{2} \begin{matrix} \text{─── 분자} \\ \text{─── 가로선} \\ \text{─── 분모} \end{matrix}$$

피자를 똑같이 둘로 나눈 경우, 한 명의 몫은 전체 피자의 양보다 작으므로 $\frac{1}{2}$은 1보다 작은 수예요.

반대로 2명이 나눠 가진 피자를 합하면 피자는 다시 한 판이 되지요. 이것을 식으로 나타내면 다음과 같아요.

$$\frac{1}{2} + \frac{1}{2} = 1$$

피자 한 판을 더 많은 사람이 나누어 먹으면 더 큰 분모를 가진 분수가 만들어져요. 예를 들어 피자 한 판을 4명이나 5명에게 똑같이 나누어 줄 때, 한 사람이 갖게 되는 양은 각각 $\frac{1}{4}$과 $\frac{1}{5}$이지요. 그리고 $\frac{1}{4}$을 4개, $\frac{1}{5}$을 5개 더하면 1이 됩니다.

$$\frac{1}{4} + \frac{1}{4} + \frac{1}{4} + \frac{1}{4} = \frac{4}{4} = 1$$

$$\frac{1}{5} + \frac{1}{5} + \frac{1}{5} + \frac{1}{5} + \frac{1}{5} = \frac{5}{5} = 1$$

분모가 같은 분수

분수는 나눗셈이에요

분수와 나눗셈은 어떤 관계가 있을까요?

어떤 것 한 개를 2명에게 똑같이 나누어 주었을 때, 한 사람의 몫이 $\frac{1}{2}$이라고 했어요. 그렇다면 사탕 6개를 2명이 나누어 가지면 한 사람이 몇 개씩 갖게 될까요?

이런 경우 우리는 나눗셈을 이용하여 계산해요. 6÷2 = 3이므로 한 사람이 사탕을 3개씩 갖는다는 걸 알 수 있지요.

마찬가지로, 피자 한 판을 2명이 똑같이 나누어 가지면 한 사람의 몫은 1÷2가 돼요. 이것을 분수로 나타내면 $\frac{1}{2}$이지요. 그러므로 분수는 결국 나눗셈이랍니다.

분모가 1인 분수

분모가 1인 분수를 한번 살펴봅시다.

먼저, $\frac{2}{1}$를 예로 들어 볼게요. 이 분수의 값은 얼마일까요? 이 분수는 2와 같아요. 그런데 왜 2일까요? 앞에서 분수는 나눗셈이라고 했던 말을 떠올려 보세요. 그러면 $\frac{2}{1}$는 2를 1로 나눈 몫이니까 2÷1 = 2가 되지요.

다른 예를 들어 보면 다음과 같아요.

$$\frac{3}{1} = 3, \quad \frac{4}{1} = 4, \quad \frac{5}{1} = 5, \cdots$$

그러므로 분모가 1인 분수는 자연수가 된답니다.

자연수
물건의 개수를 헤아리는 데 사용되는 수를 말하며 1, 2, 3, 4,… 등이 자연수다.

분자와 분모가 같은 분수

분수는 $\frac{2}{2}$처럼 분자와 분모가 같은 경우도 있어요. 분수는 나눗셈이니까 $\frac{2}{2} = 2 \div 2 = 1$이 되는데, 이렇게 분자와 분모가 같은 분수는 모두 1과 같답니다.

$$\frac{3}{3} = 1, \quad \frac{4}{4} = 1, \quad \frac{5}{5} = 1, \cdots$$

분자가 1이 아닌 분수

지금부터 분자가 1이 아닌 분수를 살펴보도록 해요. $\frac{1}{4}$이 1을 4조각으로 나눈 것 중 하나라면 $\frac{2}{4}$는 어떻게 될까요? $\frac{2}{4}$는 1을 4조각으로 나눈 것 중 2조각이므로, $\frac{1}{4}$을 2개 더한 것과 같아요.

$$\frac{2}{4} = \frac{1}{4} + \frac{1}{4}$$

마찬가지로 $\frac{3}{4}$은 1을 4조각으로 나눈 것 중 3조각이 모인 것이지요. 따라서 $\frac{1}{4}$보다는 $\frac{2}{4}$가 크고, $\frac{2}{4}$보다는 $\frac{3}{4}$이 크답니다.

분수의 크기는 다음과 같이 정리할 수 있어요.

> **분모가 같을 때는 분자가 클수록 큰 수다.**

분자는 같고 분모만 다른 분수끼리의 크기는 어떻게 따질까요? 예를 들어 $\frac{1}{2}$과 $\frac{1}{3}$을 살펴보도록 해요.

$\frac{1}{2}$은 1을 둘로 나눈 것 중 하나고, $\frac{1}{3}$은 1을 3조각으로 나눈 것 중 하나예요. 당연히 $\frac{1}{2}$이 $\frac{1}{3}$보다 크지요.

따라서 다음과 같이 정리할 수 있어요.

> **분자가 같을 때는 분모가 작을수록 큰 수다.**

여러 가지 분수

분수에는 다음과 같이 여러 가지 분수가 있습니다.

진분수   **가분수**   **대분수**

진분수는 $\frac{3}{8}$ 처럼 분자가 분모보다 작은 분수를 말합니다. $\frac{9}{8}$ 와 같이 분자가 분모보다 큰 분수는 **가분수**라고 하지요.

그럼 대분수는 뭘까요? **대분수**는 자연수와 진분수가 섞여 있는 분수를 말해요. 즉 자연수와 진분수의 합이지요. 다음과 같은 분수를 대분수라고 합니다.

$$2\frac{1}{3} = 2 + \frac{1}{3}$$

그런데, 대분수를 가분수로 고칠 수도 있어요. $2\frac{1}{3}$ 을 가분수로 고쳐 볼까요? 먼저 자연수 부분과 분모를 곱하면 6이 되는데, 이때 분모는 그대로 쓰고 6은 분자에 더해줍니다.

$$2\frac{1}{3} = \frac{6+1}{3} = \frac{7}{3}$$

반대로, 가분수를 대분수로도 고칠 수도 있습니다. 가분수 $\frac{11}{4}$을 대분수로 고쳐 볼게요. 우선 분자인 11을 4로 나눈 몫과 나머지를 구해요. 11을 4로 나누면, 몫은 2이고 나머지는 3이지요. 이때 몫은 대분수의 자연수 부분, 나머지는 분수의 분자가 됩니다.

$$\frac{11}{4} = 2\frac{3}{4}$$

분모가 같은 분수의 덧셈과 뺄셈

분모가 같은 분수끼리의 계산은 자연수의 계산과 비슷합니다. 분모가 같은 분수끼리의 덧셈은 분모는 그대로 두고 분자끼리만 더해 주는데, 그것이 두 분수의 합의 분자가 되지요. 예를 들면 다음과 같아요.

$$\frac{3}{8} + \frac{4}{8} = \frac{7}{8}$$

분모가 같은 분수의 뺄셈의 경우도 다음과 같이 분모는 그대로 두고 분자끼리 자연수처럼 빼 주면 됩니다.

$$\frac{8}{9} - \frac{4}{9} = \frac{4}{9}$$

생활 수학 카페

투구 이닝수와 분수

우리나라에서는 프로야구가 프로스포츠 중에서 가장 많은 인기를 누리고 있습니다. 지역연고제인 프로야구는 그 지역 사람들의 응원에 힘입어 수많은 스타 선수들을 배출했고, 결국 2008년 베이징 올림픽 금메달이라는 쾌거를 이루었지요.

야구에서 투수의 기록을 보면 분수가 나옵니다. 예를 들어, 어떤 투수가 그날 경기에서 3과 $\frac{1}{3}$ 이닝을 던졌다는 것처럼 말이죠. 왜 야구에서는 이처럼 분수를 사용할까요?

우선 '이닝'이라는 용어를 알아볼까요? 이닝이란 우리말로 말하면 한 회를 말해요. 야구는 9회까지 하는 경기이므로 한 경기는 9이닝이지요.

그런데 왜 투수가 공을 던진 이닝을 분수로 나타날까요? 그것은 야구가 3번의 아웃을 잡아야 1이닝이 끝나는 방식이기 때문입니다. 예를 들어, 어떤 투수가 3회까지 잘 던지다가 4회 원아웃을 잡고 교체되었다면, 이 투수는 3회까지는 3이닝을 완전히 던진 셈이고, 1이닝이 되기 위해서는 3번의 아웃을 잡아야 하는데 4회째는 그중 한 번만 아웃을 잡았으므로 $\frac{1}{3}$ 이닝을 던진 셈이지요. 그러므로 이 투수는 그 경기에서 $3\frac{1}{3}$ 이닝을 던졌다고 말합니다.

기본 다지기

1. $\frac{1}{4} + \frac{1}{4} + \frac{1}{4} + \frac{1}{4}$ 을 계산하면?

   a) $\frac{1}{4}$ b) $\frac{3}{4}$ c) 1

2. 분수 $\frac{8}{8}$ 은 다음 중 어떤 분수인가?

   a) 가분수   b) 진분수   c) 대분수

3. 가분수 $\frac{37}{7}$ 을 대분수로 옳게 나타낸 것은?

   a) $5\frac{1}{7}$ b) $5\frac{2}{7}$ c) $5\frac{3}{7}$

4. 어떤 책을 어제는 전체의 $\frac{2}{6}$ 를 읽었고, 오늘은 전체의 $\frac{3}{6}$ 을 읽었다. 그렇다면 오늘까지 전체의 몇 분의 몇을 읽었는가?

   a) $\frac{5}{12}$ b) $\frac{5}{6}$ c) 1

서프라이즈 진실 혹은 거짓

1. 덧셈, 뺄셈, 곱셈, 나눗셈을 이용하지 않고도 9 네 개를 이용하여 100을 만들 수 있다.

   ☐ 진실   ☐ 거짓

2. 숫자 9 다섯 개와 덧셈을 이용하여 10을 만들 수 있다.

   ☐ 진실   ☐ 거짓

3. 숫자 9 다섯 개와 뺄셈을 이용하여 10을 만들 수 있다.

   ☐ 진실   ☐ 거짓

알쏭달쏭 내 생각

학교 수학 시험에서 다음과 같은 문제가 출제되었다.

> 0부터 9까지의 수를 두 번 사용하여
> 가장 작은 자연수를 만들어라.

모든 학생이 1과 0을 이용하여 10을 만들었다.

과연 이것이 정답일까? 여러분의 생각은?

아하! 알았다
정 답

기본 다지기

1. c) $\frac{1}{4}$ 은 1을 4개로 똑같이 나눈 한 조각이므로 $\frac{1}{4} + \frac{1}{4} + \frac{1}{4} + \frac{1}{4} = 1$ 이다.

2. a) 분자와 분모가 같은 경우도 '가분수'라고 부른다.

3. b) 37을 7로 나눈 몫은 5고 나머지는 2다.

4. b) 어제 읽은 분량과 오늘 읽은 분량을 더하면 된다.
$\frac{2}{6} + \frac{3}{6} = \frac{5}{6}$ 이므로, 전체의 $\frac{5}{6}$ 를 읽었다.

서프라이즈 진실 혹은 거짓

1. 진실

    $99\frac{9}{9} = 99 + 1 = 100$ 이다.

2. 진실

    $9 + \frac{99}{99} = 9 + 1 = 10$ 이다.

3. 진실

$\dfrac{99}{9} - \dfrac{9}{9} = 11 - 1 = 10$ 이다.

알쏭달쏭 내 생각

답 정답이 아니다.

0부터 9까지의 수를 2번 사용하라고 했지 거듭하여 사용하지 말라고는 하지 않았으므로, 2를 2번 사용하여 $\dfrac{2}{2}$를 만들면 자연수 1과 같아 10보다 작은 자연수를 만들 수 있다. 물론 이 밖에도 $\dfrac{3}{3}$, $\dfrac{4}{4}$ 등 여러 가지 답이 나올 수 있다.

둥둥 유령
분모가 다른 분수의 덧셈과 뺄셈

분모가 다른 분수들의 덧셈 뺄셈은
분모들의 최소공배수로 **통분**하여 계산한다.

*통분 : 분모를 같게 만드는 것

동그라미와 헤어진 지 몇 시간이 흘렀을까? 매쓰팬은 문득 오싹한 느낌이 들어 고개를 들고 사방을 둘러보았다. 방금 전까지만 해도 매쓰팬은 분명히 나무들이 울창한 숲길을 걷고 있었는데, 어느 순간 숲은 이상한 기운이 감도는 마을로 변해 있었다.

마을은 사람이 살지 않는 폐가 마을 같았다. 지붕이나 벽이 허물어지거나 문이 뜯겨나가 집안이 휑하니 들여다보이는 집들이 많았고, 어느 집이건 마당에는 아무렇게나 자란 잡초가 무성했다.

"헉! 여기가 어디지? 숲이 언제 이렇게 으스스한 마을로 변한 거야? 귀신이라도 곧 튀어나올 것 같은 곳이군. 난 세상에서 귀신이 제일 무서운데……."

여행과 탐험을 워낙 좋아하는 매쓰팬도 오늘과 같은 기분은 처음이었다. 이상하게도 집에 있는 강아지 코코가 자꾸 눈앞에 아른거렸고, 시도 때도 없이 집에 찾아와 귀찮게 굴던 짝꿍 졸리도 갑자기 보고 싶어졌다.

"아, 졸리. 네가 보고 싶을 줄은 몰랐다. 이곳에서 나갔을 때, 네가 내 눈앞에 있다면 정말 반가울 거야. 그런데 출구는 대체 어디에 있는 거지?"

매쓰팬은 길을 걸으면서 자꾸만 혼잣말을 중얼거렸다.

사방을 둘러봐도 마을은 온통 폐가뿐이었다. 아무리 찾아다녀도 집으로 가는 출구는 보이지 않았고, 무거운 발걸음과 집에 대한 그리움으로 매쓰팬의 몸은 점점 지쳐갔다. 게다가 어서 그곳을 빠져나가고 싶은 매쓰팬의 기대를 무너뜨리 듯 주위는 빠른 속도로 어두워지고 있었다.

"금방 깜깜해질 텐데 큰일이군! 이 마을에서 밤을 지내는 건 끔찍한 일이야."

두려움을 잊기 위해 매쓰팬은 계속 혼잣말을 중얼거렸다.

그때였다. 등 뒤에서 무언가가 매쓰팬의 어깨를 확 덮쳤다. 순간 매쓰팬의 머리카락들이 일제히 하늘로 솟구쳤다.

"으아아아악~ 귀신이닷! 사람 살려!"

무서워서 눈을 꾹 감아버린 매쓰팬이 비명을 지르면서 지팡이를 마구 휘둘러댔다.

"귀신아! 죽어라, 죽어. 나한테 오지 마!"

"얼씨구……."

한참 지팡이를 휘둘러도 아무 일이 일어나지 않자 그제야 매쓰팬은 살그머니 눈을 떴다. 얼굴에 주름이 자글자글한 꼬부랑 할머니가 매쓰팬을 물끄러미 바라보고 있었다.

"앗, 깜짝이야! 할머니로 변장한 귀신이면 썩 사라져라."

"썩을 놈, 꼬부랑 할망구로 변장한 귀신도 있다냐?"

"할머니! 전 귀신인줄 알았잖아요. 무서워서 기절할 뻔했다고요."

"말할 새도 없이 다짜고짜 그놈의 지팡이를 휘둘러 댄 게 누군데 그랴."

"무서운 걸 어떡해요. 아무튼 죄송해요 할머니. 근데 할머니는 이 마을에 사세요?"

매쓰팬이 눈을 반짝이며 물었다. 할머니가 이 마을에 산다면 할머니 집에서 하룻밤 묵을 수 있겠다는 생각이 들었다. 매쓰팬은 폐가뿐인 마을이 무섭기도 했지만, 한편으론 이 욕쟁이 할머니가 있어서 다행이다 싶었다.

그런데 무언가 망설이듯 한동안 말없이 매쓰팬의 얼굴을 쳐다보던 할머니는 갑자기 매몰차게 말하기 시작했다.

"얼른 이곳에서 썩 떠나거라. 이곳은 너 같은 어린애들에게 아주 위험한 곳이란 말여!"

"네? 이곳이 위험하다고요?"

할머니의 굳은 표정을 보고 매쓰팬의 희망은 순식간에

불안감으로 바뀌었다. 매쓰팬과 할머니 사이로 한 줄기 스산한 바람이 스쳐지나갔다. 스스스……. 나뭇가지를 흔드는 바람 소리에 매쓰팬은 등줄기가 오싹해지면서 머리카락들이 쭈뼛 일어섰다.

"여긴 나 말곤 아무도 없다. 이런 곳에서 잠을 자다간 무슨 변을 당할지도 몰러. 네 놈 말대로 진짜 귀신이 휙 나타날 수도 있으니 어서 썩 떠나 이눔아!"

"헉!"

매쓰팬의 얼굴이 새파랗게 질렸다. 할머니의 표정과 말투로 봐서 매쓰팬을 그저 겁주기 위해서 하는 말이 아니라는 걸 알 수 있었다. 매쓰팬은 무작정 도망가고 싶었다. 하지만 아무 데도 갈 곳이 없다는 걸 떠올리자 눈앞이 캄캄해졌다.

'혼자 공포에 떨면서 낯선 산길을 헤매는 것보다 차라리 할머니랑 같이 이 마을에서 지내는 게 나을지도 몰라. 하지만 그러다가 할머니 말대로 무슨 일이 일어난다면……. 헉, 혹시 이곳에 영원히 갇히는 건 아닐까?'

이리저리 고민한 끝에 매쓰팬은 혼자 있는 것보단 그래도 할머니와 함께 있는 게 낫겠다고 결론을 내렸다.

"그런데 할머니는 어디에 사세요?"

매쓰팬이 불쑥 물었다.

"그건 알아서 뭣에 쓸려고 그랴? 어서 떠나래도 헛소리만 팽팽 해 쌌네."

"아니, 그게 아니고요 할머니."

"아니긴 뭐가 아녀, 이놈아!"

버럭 소리를 지른 할머니는 울상을 짓고 있는 매쓰팬의 얼굴을 보고는 허리를 힘겹게 펴면서 말했다.

"뭔지 말을 혀 봐!"

"저, 제가 무서워서 그러는데…… 할머니 집에서 하룻밤만 지내면 안 될까요?"

"하, 썩을 놈. 어째 말귀를 이렇게 못 알아먹어? 여기 있다간 언제 무슨 일을 당할지 아무도 모른당께. 이 마을엔 요괴가 있단 말여, 요괴가!"

"헉! 요…… 요괴라구요?"

매쓰팬의 뒤통수와 등줄기에서 식은땀이 흘렀다.

요괴라니! 어쩐지 처음부터 으스스한 게 이상한 마을이었다.

"요괴가 진짜 있어요? 어떤 요괴인데요, 할머니?"

매쓰팬이 태연한 척하며 물었다. 매쓰팬은 차라리 할머니가 꾸며낸 이야기이길 바랐다. 하지만 그런 매쓰팬의 바람은 보기 좋게 빗나갔다.

"아이고 망할 놈…… 이 기운 없는 할망구 혓바닥 쓰게 만드네. 그러니까…… 쩝쩝…… 잘 들어봐. 흠흠! 아주, 옛날에 이곳에 요괴가 살았다는 것이여. 그런데 어느 날 어떤 검객이 엄청나게 긴 검으로, 얼마나 긴지는 나도 구경 못했으니 모르겠고…… 암튼 이유도 없이 요괴를 토막토막 잘라 놓았단다. 요괴는 사람들을 해칠 생각이 코딱지만큼도 없었는데 말이여. 그 후로 억울하게 죽은 요괴가 구천을 헤매면서 사람들을 괴롭히는 게지. 요괴는 자신의 흩어진 몸들을 다 모아야만 하늘나라에 갈 수 있다는데, 그게 어디 쉬운 일인가……. 쯔쯧…… 마을사람들은 무서워서 결국 이 마을을 모두 떠나고 말았어. 늙은 나는 혼자 평생 살아온 곳이라 갈 데도 없고 해서 남았지만……. 이눔아, 뭔 말인지 이제 알아들었지?"

매쓰팬은 아무렇지도 않은 것처럼 침착하게 듣고 있었다. 하지만 욕쟁이 할머니의 목소리보다 쿵쾅거리는 자신의 심장 소리가 귓가에 더 크게 들렸다.

욕쟁이 할머니는 이제 매쓰팬이 떠나길 바랐다. 그러나 이야기를 듣고 난 매쓰팬은 오히려 할머니 집에서 묵기로 마음먹었다.

"할머니, 제발 하룻밤만 재워주세요. 네?"

매쓰팬은 최대한 애처롭게 말했다.

"하~ 썩을 놈! 귓구멍을 돌로 막아놨다냐 어쨌다냐? 혓바닥 빠지게 말해줬건만 헛소리만 뻥뻥 해 쌌네!"

욕쟁이 할머니는 매쓰팬을 나무라면서도 결국은 매쓰팬에게 작은 방 하나를 내주었다.

방에는 사용하지 않은 지 오래된 듯한 침대와 작은 소파가 있었고, 벽에는 거울 하나가 덩그러니 걸려 있었다.

침대에 누운 매쓰팬은 빨리 잠들려고 애썼다. 요괴를 머릿속에서 몰아내는 길은 잠의 세계로 빠지는 것뿐이었다.
　　억지로 잠을 청한 지 한 시간쯤 지났을 때였다.
　쉬익 —
　뭔가 매쓰팬 옆을 스쳐 지나가는 느낌이 들었다. 매쓰팬은 두 눈을 꼭 감았다.
　쉬익 —
　이번에는 그것이 매쓰팬의 몸 위를 스쳐갔다.
　"안 돼! 이건 모두 나의 상상일 뿐이야. 어서 잠을 자자!"
　매쓰팬이 눈을 감은 채 소리쳤다. 그런데, 갑자기 매쓰팬은 코가 간지러워서 견딜 수가 없었다. 마치 누군가가 코를 일부러 간질이는 것 같았다. 매쓰팬은 재채기를 참느라 콧구멍을 벌름거렸다.
　하지만 요괴에 대한 공포보다도 간지러움을 더 참을 수 없었던 매쓰팬은 재채기를 쏟아내며, 두 눈을 번쩍 뜨고 말았다.
　"에…… 에…… 에취! 으아아아아악!"

 매쓰팬의 눈앞에 팔다리가 없고 눈이 하나뿐인 타원 모양의 물체가 서 있었다.

 "아아아악! 정말 요괴가 있었어! 맙소사, 오 마이 갓~! 사람 살려!"

 "이봐, 소리 좀 그만 질러! 난 요괴가 아니야!"

 타원 모양의 요괴의 몸 전체에서 낮은 목소리가 울려 퍼

졌다. 매쓰팬은 놀라서 입을 꾹 다물었다. 요괴에게 당할지 모른다는 공포감에 매쓰팬은 부들부들 떨면서 허공에 둥둥 떠 있는 타원형 물체를 힐끔 훔쳐보았다.

"난 둥둥 유령이야. 감히 요괴라고 부르다니…… 난 요괴가 아니고 유령이라고, 유령!"

"이건 분명 꿈일 거야."

매쓰팬은 머리를 세차게 흔들었다.

"이봐, 제발 내 말 좀 들어줘!"

요괴가 버럭 화를 냈다.

"요괴…….."

"유령이라니까, 유령! 둥둥 유령이라고!"

"어, 그래. 둥둥 유령. 난 매쓰팬인데, 대체 왜 내 콧구멍을 간질이고 날 괴롭히는 거야? 난 정말 요괴든 유령이든 귀신들은 다 싫어. 그러니까 제발 내 눈앞에서 사라져 줘!"

매쓰팬이 유령에게 간곡히 부탁했다. 유령은 매쓰팬의 말을 무시하듯 방안을 유유히 떠다녔다.

"허, 참! 나도 네 앞에 나타나는 게 썩 내키진 않았지만,

흩어진 내 몸들을 찾아야 이곳을 떠날 수 있어서 어쩔 수 없었다고. 도망간 마을 사람들처럼 넌 겁쟁이가 아니었으면 좋겠다."

"흥! 하나도 겁 안 난다 뭐. 근데 몸들이라니?"

매쓰팬은 할머니한테 들은 얘기가 떠올랐지만 태연하게 물었다.

"난 둥둥 유령의 반쪽인 $\frac{1}{2}$밖에 안 돼. 나머지 내 몸들을 찾아야 1이 되고, 그래야 하늘나라로 갈 수 있거든."

매쓰팬은 정신을 가다듬기 위해서 가만히 심호흡을 했다. 눈을 크게 뜨고 둥둥 유령을 다시 보니 나름 귀엽기도 한 것 같았다. 그렇게 생각하자 유령이 조금도 무섭거나 위험해 보이지 않았다.

"나머지 몸들을 찾아주면 떠나겠다 이거지?"

"그래. 네가 그래도 이 집 욕쟁이 할머니보단 말이 좀 통하는구나."

그날 밤, $\frac{1}{2}$둥둥 유령의 이야기를 듣느라 매쓰팬은 뜬 눈으로 밤을 지새웠다. 다음 날 오후가 되자 매쓰팬은 밀려드는 졸음을 참지 못하고 쓰러져 버렸다. 한참을 자고 일어나니 어느새 밖은 한밤중이었다.

"내가 정말 피곤했나보군."

그때 슝, 소리를 내며 둥둥 유령이 다시 나타났다.

"우헤헤~ 무섭지?"

둥둥 유령이 목소리를 바꿔서 장난을 쳤다.

"어제 잠도 안 자고 밤새 얘기해 놓곤 아직도 할 얘기가 남은 거야?"

매쓰팬은 둥둥 유령에게 일부러 퉁명스럽게 말했다. 매쓰팬은 이제 둥둥 유령 따윈 전혀 무섭지 않았다.

"어머머, 너 지금 무슨 말 하는 거니? 네가 날 언제 봤다고 그래?"

"어제 일을 하루 만에 잊다니! 그러고 보니 목소리만 바꾼줄 알았더니 오늘은 엄청 멋을 부렸네?"

"어머머, 남들이 들으면 오해하겠다. 그리고 난 항상 이렇게 예쁘게 하고 다녔거든!"

둥둥 유령이 시치미를 뚝 떼었다. 하지만 너무나 당당한

태도가 이상해 매쓰팬은 둥둥 유령을 자세히 살펴보았다. 어젯밤 만난 $\frac{1}{2}$ 둥둥 유령과 비슷하긴 한데, 바람이 빠진 것처럼 더 홀쭉해 보였다.

"헉! 어제 만났던 $\frac{1}{2}$ 둥둥 유령이 아니네!"

"어머머, 너 $\frac{1}{2}$ 둥둥이를 만났니? 난 $\frac{1}{3}$ 둥둥이거든."

"둥둥이? 크크."

"비웃지마! 그게 우리끼리의 애칭이란 말이야."

"알았어, 너희들이 모두 만나서 1 이 되어야만 하늘로 올라갈 수 있다는 말하려고 나타난 거지?"

"오호~, 넌 천재구나!"

"걱정 마. 나도 빨리 너희 유령들이 다 모일 수 있도록 도울게. 근데 너희는 잠도 없냐? 밤이니까 잠 좀 자자."

하루 종일 잔 것으로도 부족했는지 매쓰팬은 말을 마치자마자 다시 잠에 곯아떨어졌다. 낯선 곳에 대한 두려움이 사라지자 그동안 쌓였던 피로가 한꺼번에 몰려온 것이었다.

삼일 째 되는 밤이었다. 실컷 휴식을 취한 매쓰팬은 이제 밤에도 잠들지 않고 깨어 있을 수 있었다. 매쓰팬은 맑은 정신으로 둥둥 유령이 찾아오기를 기다렸다.

슝— 쉉— 샹—

요란한 소리를 내며 둥둥 유령이 나타났다. 그런데 이번에는 그전과 소리가 좀 달랐다. 둥둥 유령 셋이 한꺼번에 나타난 것이다.

"히야~ 이번에는 셋이나 왔네."

"네 덕분에 흩어져 있던 우리 둥둥 유령들을 다 찾았거든."

"어디 보자. 넌 $\frac{1}{2}$ 둥둥이, 그리고 넌 $\frac{1}{3}$ 둥둥이. 어, 근데 얘는 누구야?"

"얘는 $\frac{1}{7}$ 둥둥이야."

매쓰팬의 물음에 $\frac{1}{3}$ 둥둥 유령이 대답했다.

"아, 네가 $\frac{1}{7}$ 둥둥이구나. 반가워, 난 매쓰팬이야!"

$\frac{1}{7}$ 둥둥 유령을 향해 매쓰팬이 씨익 웃었다.

"어, 나도 반가워."

$\frac{1}{7}$ 둥둥 유령이 수줍은 듯 안경을 고쳐 쓰며 대답했다.

"그런데 너희 $\frac{1}{7}$ 둥둥이와는 어떻게 만난 거야? $\frac{1}{2}$ 과 $\frac{1}{3}$ 너희 둘은 여기에서 만났을 테고……."

"얘는 우릴 찾을 생각은 않고, 그동안 어떤 집 서재에서 열심히 책만 봤다지 뭐야! 다행인지 불행인지 어제 그 집 지붕이 무너지는 바람에 $\frac{1}{7}$ 둥둥이가 먼지를 잔뜩 뒤집어쓰고 마을 입구를 서성이고 있더라고."

"아, 그랬구나."

$\frac{1}{3}$둥둥 유령의 설명에 매쓰팬이 고개를 끄덕였다.

"이렇게 모두 모였으니까 매쓰팬 어서 우리가 1이 되게 도와줘. 빨리 하늘나라로 가야지."

"좋아 $\frac{1}{2}$둥둥아! 그럼, 모두 순서대로 서 볼래?"

$\frac{1}{2}, \frac{1}{3}, \frac{1}{7}$은 서로의 손을 잡고 매쓰팬 앞에 나란히 섰다.

"어라? $\frac{1}{2} + \frac{1}{3} + \frac{1}{7}$은 1이 안 되잖아!"

"뭐라고?"

"$\frac{1}{2} + \frac{1}{3} + \frac{1}{7} = \frac{41}{42}$이야. 즉 너희들 분모가 모두 다르니까 최소공배수로 계산하면 $\frac{1}{42}$이 모자라. $\frac{1}{42}$둥둥이만 찾으면 완벽할 텐데……."

둥둥 유령들은 실망한 얼굴로 서로를 바라보았다. 매쓰팬은 그런 둥둥이들이 안타까웠다.

"잠깐만, 좋은 생각이 있어!"

매쓰팬은 바깥으로 나가 그릇에 물을 한가득 떠왔다. 그리고는 지팡이를 들고 혼자서 춤을 추고, 주문을 외웠다. 물론 매쓰팬은 유령을 부르는 법은 몰랐지만, 왠지 $\frac{1}{42}$을 부를 수 있을 것 같은 기분이 들었다.

"유우령이시여. 오니라. 오시오. 오라. 오라. 올 거니라. 유우령~ 아쁴라우쁴라!"

매쓰팬은 아무렇게나 내뱉은 자신의 말이 주문인 양 중얼대며 이리저리 뛰어다녔다. 마침내 '슈욱' 하는 소리와 함께 젓가락처럼 가느다란 유령이 나타났다.

"너 누군데, 자꾸 날 부르는 거야?"

"혹시 너 $\frac{1}{42}$둥둥 유령 아니니?"

"$\frac{1}{42}$둥둥이 맞아. 근데 그걸 네가 어떻게 알아?"

그 순간 세 유령이 한꺼번에 달려들어 둥둥이를 끌어안았다.

"아, 이제 됐어."

"얼마나 널 찾았는지 알아?"

"우리도 이제 우리 고향으로 가는 거야."

둥둥 유령들은 너도나도 한 마디씩 했다.

매쓰팬은 둥둥 유령들에게 서로의 손을 잡게 한 후, 주문을 외웠다.

"$\frac{1}{2}$둥둥이, $\frac{1}{3}$둥둥이, 그리고 $\frac{1}{7}$둥둥이와 $\frac{1}{42}$둥둥이가 한데 모였습니다. 이제 이들이 1이 되어 자기 나라로 갈 수 있게 도와주세요. 하느님, 용왕님, 염라대왕님! 우따이띠마바뜨리띠오!"

매쓰팬은 둥둥이들을 보내주고 싶은 간절한 마음을 담아 지팡이를 하늘 높이 치켜들었다. 매쓰팬은 지팡이를 이렇게 요긴하게 사용할 줄 미처 몰랐다.

매쓰팬의 주문은 계속되었다.

우따이띠마 용왕님! 울랄라 울랄라~

바뜨리띠오 하느님! 울랄라 울랄라~

우따이띠마바뜨리띠오 염라대왕님! 울랄라 울랄라~

이윽고 사방에서 오색찬란한 빛이 둥둥이들을 비추기 시작했다. 잠시 후, 빛과 함께 네 둥둥이가 허공으로 슝, 슝, 슝, 슝 떠올랐다. 그러더니 순식간에 한 덩어리로 합쳐졌다.

마침내 1이 된 둥둥 유령은 매쓰팬에게 고맙다는 인사를 남기고 빛 속으로 휙 사라졌다.

매쓰팬은 갑자기 긴장이 풀리면서 피로가 밀려들었다. 둥둥 유령들을 보내느라 에너지를 다 써버린 것이다. 매쓰팬은 그대로 스르르 잠이 들었다.

얼마나 잤을까. 따뜻한 무언가가 얼굴에 떨어지는 느낌

에 매쓰팬은 잠에서 깼다. 게슴츠레 눈을 뜨고 얼굴을 만져보니 축축했다. 깜짝 놀란 매쓰팬은 자리에서 벌떡 일어났다. 그 바람에 매쓰팬을 지켜보고 있던 욕쟁이 할머니가 벌러덩 뒤로 나자빠졌다.

"할머니, 무슨 일이세요?"

"아이고, 살아난겨? 며칠 째 잠만 자서 영락없이 죽어버린 줄 알았지 뭐냐…… 흐흑."

"우헤헤~ 저 이렇게 말짱해요. 할머니!"

"그려, 다행이다!"

할머니는 주름진 얼굴에 흘러내리는 눈물을 주름투성이 손으로 닦았다. 매쓰팬의 얼굴 위로 떨어진 것은 다름 아닌 할머니의 눈물이었던 것이다.

매쓰팬은 그동안 밤마다 있었던 일을 할머니에게 이야기해 주었다. 물론 할머니는 매쓰팬의 말을 믿지 않았다.

"썩을 놈, 그런 헛소리를 지금 나한테 믿으라는 거여?"

유령들이 떠난 마을에서 할머니와 함께 하루를 더 머문 매쓰팬은 서운해하는 할머니를 남겨두고 다시 길을 나섰다.

당신은 스테이지 2를 통과했습니다.
다음 아이템을 받을 수 있습니다.

포켓용 미니칠판

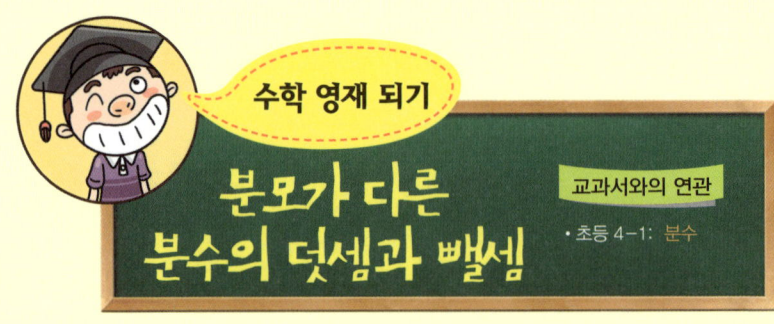

수학 영재 되기

분모가 다른 분수의 덧셈과 뺄셈

교과서와의 연관
• 초등 4-1: 분수

이번에는 분모가 다른 두 분수를 더하거나 빼는 방법을 배워볼까요? 분모가 다른 두 분수의 덧셈과 뺄셈은 다음과 같은 순서로 하면 됩니다.

● 분모가 다른 분수의 덧셈과 뺄셈 순서 ●

1단계 분모의 최소공배수를 찾는다.
2단계 분모가 최소공배수가 되도록 각 분수의 분모와 분자에 같은 수를 곱한다.
3단계 분모가 같은 분수의 덧셈과 뺄셈을 한다.

Tip

최소공배수
두 개의 자연수에 대해 공배수가 되는 최소의 자연수를 말한다. 둘 중 하나가 0일 때 최소공배수는 0으로 한다.

분모가 다른 분수의 덧셈

위의 방법으로 $\frac{1}{2} + \frac{1}{3}$ 을 계산해 볼까요?

먼저, 2와 3의 최소공배수는 6이므로 두 분수를 분모가 6인 분수로 바꿉니다. $\frac{1}{2}$ 의 분모가 6이 되려면 분모에 얼마를 곱하면 될까요? 맞아요. 3이지요. 이제 분모와 분자에 똑같이 3을 곱합니다.

이렇게 어떤 분수의 분자와 분모에 같은 수를 곱해도 원래의 값은 달라지지 않아요.

$$\frac{1}{2} = \frac{3}{6}$$

마찬가지로, $\frac{1}{3}$ 의 분모가 6이 되게 하는 수 2를 분모와 분자에 똑같이 곱하면 $\frac{2}{6}$ 가 됩니다.

그러므로 $\frac{1}{2}$ 과 $\frac{1}{3}$ 을 공통의 분모로 고쳐 계산하면

$$\frac{1}{2} + \frac{1}{3} = \frac{3}{6} + \frac{2}{6} = \frac{5}{6}$$

가 된답니다.

분모가 다른 분수의 뺄셈

뺄셈도 마찬가지 방법으로 계산하면 됩니다.

예를 들어, $\frac{1}{2} - \frac{1}{3}$ 을 같은 방법으로 계산해 보죠.

2와 3의 최소공배수는 6이므로 $\frac{1}{2}$ 과 $\frac{1}{3}$ 을 분모가 6인 분수로 고치면

$$\frac{1}{2} = \frac{3}{6}, \quad \frac{1}{3} = \frac{2}{6}$$

가 되지요. 그러므로

$$\frac{1}{2} - \frac{1}{3} = \frac{3}{6} - \frac{2}{6} = \frac{1}{6}$$

이 됩니다.

약분

약분은 분모와 분자가 가장 작은 숫자가 되도록 만드는 것을 말해요. 약분을 하는 이유는 큰 숫자보다 작은 숫자가 계산하기 훨씬 편하기 때문입니다.

분자와 분모가 달라도 그 값이 같아지는 분수는 무지무지 많이 만들 수 있어요. 예를 들어, 피자 한 판을 2개로 나

누었을 때의 한 조각과, 피자 한 판을 4개로 나누었을 때의 2조각은 값이 같아요. 즉 반으로 자른 피자 한 조각($\frac{1}{2}$)과 4등분으로 자른 피자 2조각($\frac{2}{4}$)은 $\frac{1}{2}$로 같지요.

$$\frac{1}{2} = \frac{2^1}{4^2} = \frac{1}{2}$$

이때 $\frac{2}{4}$를 $\frac{1}{2}$로 고치는 것을 **분모, 분자를 약분한다**라고 말해요.

약분은 어떻게 할까요?

예를 들면 $\frac{2}{4} = \frac{2 \times 1}{2 \times 2}$ 이에요. 이렇게 분자와 분모를 곱으로 나타냈을 때 같은 수가 곱해져 있으면 그 수를 분모와 분자에서 모두 지워주는데, 이것을 약분한다고 합니다.

$$\frac{2}{4} = \frac{\cancel{2} \times 1}{2 \times \cancel{2}} = \frac{1}{2}$$

$\frac{2}{4}$의 경우 2가 공통으로 곱해져 있으므로 2를 지워줍니다. 그러면 $\frac{1}{2}$이 되죠? 이것이 바로 $\frac{2}{4}$를 약분한 결과입니다.

$\frac{1}{2}$은 더 이상 약분할 수 없어요. 이처럼 약분이 더 이상 안 되는 분수를 가리켜 **기약분수**라고 부릅니다.

생활 수학 카페

타율과 분수

야구에서 타자의 능력을 평가할 때는 타율을 이야기합니다. 타율은 안타수를 타수로 나눈 값이에요. 타수는 타자가 타석에 들어간 수에서 사사구나 희생번트, 또는 희생플라이를 제외한 수를 말합니다.

예를 들어, 선수 A가 7번의 타수에서 4번의 안타를 쳤고, 선수 B가 8번의 타수에서 5번의 안타를 쳤다고 해 봐요. 두 선수 중에서 누가 더 타율이 높을까요?

선수 A의 타율을 분수로 나타내면 $\frac{4}{7}$가 되고, 선수 B의 타율은 $\frac{5}{8}$가 됩니다. 이렇게 분모가 다른 두 분수 중 어느 분수가 큰지 비교하기 위해서는 통분을 해야 합니다.

두 분수를 통분하면 다음과 같아요.

$$\frac{4}{7} = \frac{32}{56}, \quad \frac{5}{8} = \frac{35}{56}$$

따라서 선수 B의 타율이 더 높다는 것을 알 수 있습니다.

야구용어 설명

타수 타자가 타석에 들어서서 타격을 완료한 횟수.

사사구 '볼넷'과 '몸에 맞는 볼'을 합쳐서 이른 말이며, 사사구일 때 타자는 진루하게 된다.

희생번트 노아웃 또는 원아웃에서, 베이스에 있는 주자를 다음 베이스로 진루시키기 위해 타자가 자신을 희생하며 번트를 댄 후 1루에서 아웃되는 것을 말한다.

희생플라이 노아웃 또는 원아웃에서, 3루 주자가 득점을 올릴 수 있도록 외야 깊은 곳으로 날려 보낸 플라이 볼을 말한다.

기본 다지기

1. $\frac{1}{2} + \frac{1}{4}$ 을 계산할 때 분모를 어떤 값으로 만들어야 할까?

    a) 2 　　　　　　　b) 4 　　　　　　　c) 8

2. $\frac{1}{2} + \frac{2}{3}$ 를 계산하면?

    a) $\frac{2}{5}$ 　　　　　　b) $\frac{5}{6}$ 　　　　　　c) $\frac{7}{6}$

3. $\frac{3}{4} - \frac{2}{5}$ 를 계산하면?

    a) $\frac{7}{10}$ 　　　　　b) $\frac{7}{20}$ 　　　　　c) $\frac{7}{40}$

4. 단위분수는 $\frac{1}{7}$ 처럼 분자가 1인 분수를 말한다. 분모가 36인 진분수 중에서 약분하면 단위분수가 되는 분수는 모두 몇 개인가?

    a) 4개 　　　　　　b) 6개 　　　　　　c) 8개

서프라이즈 진실 혹은 거짓

1. 0부터 9까지 숫자를 한 번씩 사용하고, 더하기만을 이용하여 100을 만들 수 있다.

   ☐ 진실   ☐ 거짓

2. 1부터 9까지 숫자를 사용하고, 더하기만을 이용하여 1을 만들 수 있다. (어떤 숫자들은 두 번까지 사용할 수 있다.)

   ☐ 진실   ☐ 거짓

3. 분자와 분모가 두 자리 수인 분수 중에서 분자와 분모의 십의 자릿수와 일의 자릿수를 바꾸어도 값이 같아지는 분수가 있다.

   ☐ 진실   ☐ 거짓

알쏭달쏭 내 생각

철이는 분수, 그것도 특히 약분에 자신이 없다. 그런데 이번 시험에 $\frac{199}{995}$ 를 약분하라는 문제가 나왔다.

철이는 아무렇게나 답을 쓰려고 하다가 문제를 다시 한 번 자세히 살펴보았다. 그리고 대충 분자에 있는 9 두 개와 분모에 있는 9 두 개를 지운 후, 답을 $\frac{1}{5}$ 이라고 적었다.

철이가 쓴 답이 맞을까? 여러분의 생각은?

☐ 맞다.   ☐ 맞지 않다.

기본 다지기

1. b) 2와 4의 최소공배수는 4다.

2. c) $\frac{1}{2} + \frac{2}{3} = \frac{3}{6} + \frac{4}{6} = \frac{7}{6}$ 이다.

3. b) 4와 5의 최소공배수인 20으로 통분하면

   $\frac{3}{4} - \frac{2}{5} = \frac{15}{20} - \frac{8}{20} = \frac{7}{20}$ 이다.

4. c) 분모가 36인 진분수를 모두 써 보면, 다음과 같다.

   $\frac{1}{36}, \frac{2}{36}, \frac{3}{36}, \cdots, \frac{35}{36}$

   $\frac{2}{36}$ 는 약분하면 $\frac{1}{18}$ 이 되므로 단위분수가 된다. 하지만 $\frac{5}{36}$ 는 기약분수지만 단위분수는 아니다.

   분자와 분모의 최대공약수가 분자 자신이 되면 약분되어 분자가 1이 된다. $\frac{2}{36}$ 에서 2와 36의 최대공약수는 2이므로 약분하면 단위분수가 된다. 따라서 분자가 36의 약수인 분수를 찾으면 되는 것이다. 36의 약수는 1, 2, 3, 4, 6, 9, 12, 18, 36인데, 진분수라고 했으므로 36을 뺀 나머지 8개가 답이다.

서프라이즈 진실 혹은 거짓

1. **진실**
   다음과 같이 만들면 된다.
   $$80\frac{27}{54} + 19\frac{3}{6} = \frac{4347}{54} + \frac{1053}{54} = \frac{5400}{54} = 100$$

2. **진실**
   다음과 같이 만들면 된다.
   $$\frac{148}{296} + \frac{27}{54} = \frac{1}{2} + \frac{1}{2} = \frac{2}{2} = 1$$

3. **진실**
   다음과 같은 분수다.
   $$\frac{21}{84} = \frac{12}{48}$$
   두 분수를 약분하면 $\frac{1}{4}$ 로 값이 같다.

알쏭달쏭 내 생각

답 **맞다.**
하지만 이것은 우연의 일치다. 다른 예로는 다음과 같은 것들이 있다.
$\frac{16}{64}$ 은 분자와 분모의 6을 지운 $\frac{1}{4}$ 과 같고 $\frac{19}{95}$ 는 분자와 분모의 9를 지운 $\frac{1}{5}$ 과 같다.

스테이지 3

일당 문제
분수의 곱셈과 나눗셈

분수의 곱셈은 분자는 분자끼리, 분모는 분모끼리 곱한다.
분수의 나눗셈은 나누는 수의 역수를 곱한다.

매쓰팬은 안개가 피어오르는 곳을 찾아 다시 길을 나섰다. 처음에 안개 속으로 빨려 들어왔으니, 안개가 바로 집으로 가는 단서라는 생각이 들었던 것이다. 하지만 산과 들판을 걷고 또 걸어도 안개는 보이지 않았다.

매쓰팬은 목이 마르고 지쳐서 금방이라도 쓰러질 것만 같았다. 그때 신기루처럼 저 멀리 자욱하게 안개가 피어오르는 것이 보였다.

"안개다! 저쪽으로 가면 분명 출구가 있을 거야."

매쓰팬은 안개가 나는 곳을 향해 힘차게 달렸다. 그러나 막상 그곳에 도착해 보니 그것은 안개가 아니라 성을 쌓는 공사장에서 생긴 모래바람이었다.

실망한 매쓰팬이 발길을 돌리려는데, 사람들이 다투는 소리가 들려왔다. 쌓다만 성벽 쪽에 사람들이 모여 있었다. 매쓰팬은 호기심에 그쪽으로 얼른 걸음을 옮겼다.

"정말 이렇게 나올 텐가? 그래도 성은 완성해야 할 거 아닌가!"

"아이고 성주님, 우리도 더는 못합니다. 그만두는 우리 입장도 생각해 주셔야죠!"

"그럼, 지금 이대로 나몰라라 하겠다는 말인가?"

"밑도 끝도 없이 무작정 우리가 일을 더 해야 한다니 그게 말이 됩니까?"

화려한 옷차림의 성주와 먼지투성이 옷을 걸친 일꾼들이 서로를 향해 따지듯 고함치고 있었다.

매쓰팬은 그들이 정확히 무엇 때문에 싸우는지 궁금해 아이를 업고 있는 아주머니에게 다가가서 물었다.

"왜 저렇게 싸우는 거예요?"

"함께 궁전을 짓던 일꾼 두 명이 겨우 이틀 일하고는 힘들다고 가 버렸다나 봐."

"어른들은 참 이상하군요. 그게 싸울 일인가요?"

"성의 주인과 일꾼들이 서로 타협하지 못해 싸움이 벌어진 거지. 원래 일꾼 8명이 20일 동안 일해서 성을 완공하기로 약속했는데, 지금은 일꾼 6명이 그만둔 사람들 몫까지 떠안게 된 셈이니까 화도 나겠지. 그래서 일꾼들은 정확히 며칠 더 일해야 하는지도 모르고 일할 수는 없다고 저렇게 버티는 거란다."

아주머니의 설명을 듣고 골똘히 생각하던 매쓰팬이 다시

물었다.

"그럼, 며칠 더 일하면 되는지 알면 싸울 이유가 없겠네요?"

"그렇지! 그 다음은 일당이 얼마인지 합의하면 되니까……"
칭얼대는 아이를 고쳐업으며 아주머니가 말했다.

"간단하군요."

"그런데 그리 간단하지만은 않단다. 그걸 어떻게 아느냐가 문제야."

매쓰팬이 아주머니와 대화하는 사이에 사람들의 다툼은 더욱 심각해졌다.

"며칠 더 일해야 하는지 알려주든가 아니면 사람을 더 구하든가 성주님이 알아서 하십시오. 그렇지 않으면 우린 더 이상 일 못 해요!"

"옳소!"

"맞아요! 우린 절대로 일 못 합니다."

"여보게들, 내가 그걸 알면 왜 얘기를 안 해주겠나. 우선 우리가 서로의 입장을 고려해서 정리를 해 보세."

성주가 부드러운 말투로 일꾼들을 향해 달래 듯 말을 건넸다.

"흥, 언제부터 성주님이 우리의 입장을 챙겼다고 그러세요?"

한 일꾼이 찌푸린 얼굴로 성주를 향해 소리쳤다. 어떤 일꾼은 허공에 주먹을 휘두르기도 했다.

"아니, 이 사람들이! 지금까지 먹여 주고 재워 준 게 누군데? 정, 그렇게 못마땅하다면 다들 그만 두게!"

화가 난 성주가 수염을 쓰다듬으며 휙 돌아섰다.

'이렇게 계속 싸우다간 큰일 나겠군. 허참! 우리가 친구들과 싸우면 사이좋게 지내라고 하면서 겨우 이런 문제로 저렇게들 싸우다니…… 어른들은 참 이상해. 며칠 더 일하면 되는지 계산해 보면 될 걸.'

매쓰팬은 입을 삐죽댔다. 분위기가 점점 험악해지는 것을 보다 못한 매쓰팬이 앞으로 나섰다.

"저기요! 아저씨들이 성을 완성하려면 며칠 더 일해야 하는지 제가 알려드릴 수 있어요."

"꼬마야, 어른들 놀리면 못 쓴다!"

"맞아. 네가 그걸 어떻게 안다고 그래?"

성주와 일꾼들은 매쓰팬의 말을 한 귀로 흘려들었다.

'흠. 나를 완전 무시하시는군. 동그라미 짝도 찾아주고,

흩어진 유령의 몸들도 찾아줬는데…….'

매쓰팬은 어른들에게 무시당하자 은근히 화가 났다.

"그럼 알려드리지 말까요?"

매쓰팬이 자신만만하게 말하자 사람들이 수군대기 시작했다. 그들은 머리가 수세미처럼 헝클어지고 이상한 옷을 입은 아이가 정말 며칠을 더 일해야 하는지를 아는지, 아니면 장난을 치는지 분간할 수가 없었다.

매쓰팬은 사람들이 믿을 수 없다는 표정을 짓자 자신의 실력을 더욱 뽐내고 싶어졌다.

헝클어진 머리를 매만진 후 매쓰팬은 호주머니에서 포켓용 미니 칠판을 꺼냈다. 칠판을 손으로 문지르자 칠판이 저절로 커졌다.

매쓰팬은 칠판에 숫자를 쓰면서 설명하기 시작했다.

"음, 그러니까 8명이 20일 걸려 성을 완공해야 되죠? 먼저, 전체 일의 양을 1이라고 정해요. 그럼 한 사람이 1일 동안 해야 하는 일의 양은 $\frac{1}{8\times 20}=\frac{1}{160}$ 이 돼요. 그렇죠?"

"그런 것 같구나."

성주가 콧수염을 매만지며 대답했다.

일꾼들도 아리송하다는 표정으로 이내 고개를 끄덕였다. 매쓰팬은 마치 자신이 수학 선생님이라도 된 것 같아 우쭐해졌다.

"자, 그럼 보세요. 현재 8명이 2일 동안 일을 했어요. 즉 $\frac{1}{160} \times 2 \times 8 = \frac{16}{160}$, 약분하면 $\frac{1}{10}$ 이니까 전체의 일에서 2일 동안 한 일을 빼면 $1 - \frac{1}{10} = \frac{9}{10}$ 예요. 따라서 지금 남아 있는 일은 $\frac{9}{10}$ 가 되는 거예요."

사람들은 차근차근 설명하는 매쓰팬의 말을 이해하기 위해 열심히 귀를 기울였다. 그들 중 몇 명은 머릿속으로 셈을 해보거나 땅바닥에 따라 적기도 했고, 몇 명은 말없이 고개를 끄덕였다.

"그런데, 일꾼 2명이 그만둬서 6명의 아저씨들이 일을 모두 해야 하는 상황이에요."

"그래! 그 작자들 때문에 우리가 이 생고생이지."

일꾼 한 명이 투덜거렸다.

"아, 이 사람아. 조용히 좀 해!"

다른 일꾼이 핀잔을 주었다.

"헤헤~ 아저씨들 계속할게요. 그렇다면 남은 일에 사람 수를 나누면 성을 완성할 때까지 한 사람이 해야 할 일을 구할 수 있어요. 즉 $\frac{9}{10} \div 6$을 계산하면, 한 사람이 성을 완공하기까지 얼마나 일해야 하는지 알 수 있지요."

"…… 따라서 한 분이 $\frac{3}{20}$ 의 일을 하면 돼요. 헤헤."

자신의 설명에 만족한 매쓰팬은 사람들을 향해 미소를 지었다. 그런데 사람들은 오히려 매쓰팬을 이상하다는 표

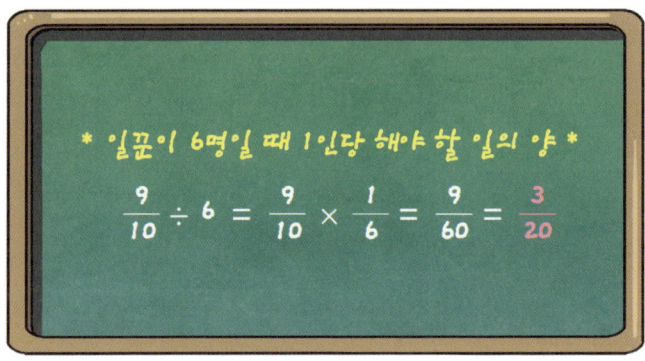

정으로 바라봤다.

"아저씨들, 뭐가 잘못됐나요?"

"허허~ 꼬마야, 며칠 더 일하는지 알려준다면서 일할 양만 계산하고 끝이냐?"

"우리가 소처럼 일을 많이 해야 한다고 약 올리는 거야?"

화가 난 사람들의 우렁찬 목소리에 매쓰팬은 숨이 탁 막혔다. 한 사람이 얼마만큼씩 일해야 하는지만 알면 된다고 생각했는데, 아직 계산이 덜 끝난 것이었다.

"앗, 아저씨들, 제발 진정하세요! 잠깐 머릿속을 정리할 틈을 드린 거예요. 헤헤~ 그럼, 며칠을 더 일해야 하는지 마저 계산해 볼까요?"

매쓰팬은 생각할 시간을 벌기 위해 능청을 떨며 말했다.

'으흠. 일단 1인당 얼마만큼의 일을 해야 하는지를 계산했으니까 며칠 더 일해야 하는지 구하려면……? 그래, 맞아!'

매쓰팬의 머릿속에 식이 번쩍 떠올랐다.

"한 사람이 하루에 하는 일의 양이 $\frac{1}{160}$ 인건 모두 기억하시죠?"

"그렇지!"

일꾼들이 대답했다.

"그럼, 성을 완공하기까지 한 사람이 해야 할 일이 $\frac{3}{20}$ 이니까, 이것을 $\frac{1}{160}$ 로 나누면 며칠 더 일해야 하는지 계산할 수 있어요. 이것을 식으로 정리하면 $\frac{3}{20} \div \frac{1}{160}$ ……."

매쓰팬은 칠판에 식을 쓰고 풀기 시작했다. 사람들은 기대에 찬 눈으로 그런 매쓰팬을 가만히 지켜봤다.

"……그러므로, 각자 24일을 더 일하면 성을 완성할 수 있어요."

매쓰팬의 설명이 끝나자 한동안 숨죽이고 있던 사람들 중 한두 사람이 손뼉을 치기 시작했다. 그러자 나머지 사

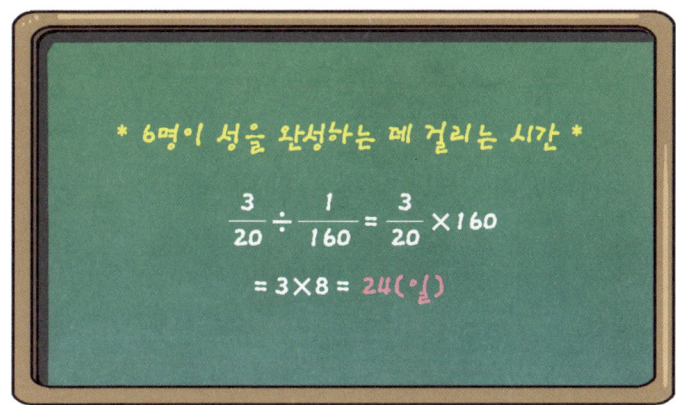

람들도 따라서 손뼉을 쳤고, 몇몇은 매쓰팬을 향해 엄지손가락을 치켜세우기도 했다.

"하하, 훌륭하다 훌륭해! 어린애라고 무시해서 미안하구나."

"세 살 먹은 아이 말도 귀담아들으라는 속담도 있잖아요. 우헤헤!"

매쓰팬은 분수를 이용해 성주와 일꾼들의 문제를 해결하여 참 뿌듯했다. 사실, 분수로 이렇게 남에게 도움을 주게 될 줄은 미처 몰랐다.

일꾼들은 성주에게 24일 동안 일당을 넉넉히 쳐주면 계속 일을 하겠다고 제안했다. 물론 성주는 궁전을 완성하는 것이 무엇보다 중요했기 때문에 일꾼들의 제안을 흔쾌히 받아들였다.

성주와 일꾼들은 자기들을 도와준 매쓰팬이 그곳에 좀 더 머물면서 쉬었다 가기를 원했다. 하지만 매쓰팬은 집으로 돌아가는 출구를 찾아야 했기 때문에 더 이상 시간을 지체할 수가 없었다.

성주는 길을 떠나는 매쓰팬을 위해 물과 음식을 챙겨주었고, 집을 그리워하는 매쓰팬의 처지를 진심으로 이해하고 걱정해 주었다.

"고맙습니다. 모두 안녕히 계세요!"

매쓰팬은 팔을 번쩍 들어 마을 사람들에게 작별인사를 하고 발걸음을 재촉했다. 저 멀리 안개 같은 모래바람이 들판을 휩쓸고 지나갔다.

당신은 스테이지 3을 통과했습니다.
다음 아이템을 받을 수 있습니다.

색종이와 가위

분수의 곱셈

이번에는 분수의 곱셈! 분수의 곱셈은 다음의 원칙을 지켜서 계산합니다.

분자는 분자끼리 곱하고, 분모는 분모끼리 곱한다.

예를 들어 $\frac{2}{3} \times \frac{7}{5}$을 계산해 볼까요?

분자끼리의 곱은 14, 분모끼리의 곱은 15입니다. 그러므로 두 분수의 곱셈은

$$\frac{2}{3} \times \frac{7}{5} = \frac{14}{15}$$

입니다. 간단하죠?

자연수와 분수의 곱셈

자연수와 분수를 곱할 땐 어떻게 해야 할까요? 자연수는 분수가 아닌데 어떻게 계산하냐고요?

물론 스테이지 2에서 배운 것처럼 자연수도 분수로 나타낼 수 있답니다. 즉 자연수의 분모는 1이지요. 예를 들어, 자연수 3은 $\frac{3}{1}$과 같아요. 그러므로

$$\frac{2}{5} \times 3 = \frac{2}{5} \times \frac{3}{1}$$
$$= \frac{6}{5}$$

이 됩니다. 분수와 자연수를 곱할 때, 자연수를 굳이 분수로 만들지 않고 분수의 분자에 자연수를 바로 곱해도 됩니다.

분수의 나눗셈

이번에는 분수의 나눗셈에 대해 알아보겠습니다. 분수의 나눗셈은 다음을 꼭 기억해야 해요.

나누는 분수의 분자와 분모를 바꾸어 곱한다.

예를 들어 $\dfrac{2}{3} \div \dfrac{5}{6}$를 계산해 볼게요. 여기에서 나누는 분수는 $\dfrac{5}{6}$입니다. 나누는 분수의 분자와 분모를 바꿔서 곱해야 하므로 $\dfrac{5}{6}$는 $\dfrac{6}{5}$이 되지요. 그러므로 계산하면

$$\dfrac{2}{3} \div \dfrac{5}{6} = \dfrac{2}{3} \times \dfrac{6}{5}$$
$$= \dfrac{\cancel{12}^{\,4}}{\cancel{15}_{\,5}}$$
$$= \dfrac{4}{5}$$

가 됩니다.

이번에는 분수를 자연수로 나누는 것에 대해 생각해 볼게요. $\dfrac{2}{3} \div 6$을 계산해 볼까요?

이때는 먼저 6을 분수로 고쳐야 합니다. 6을 분수로 고치면 $\dfrac{6}{1}$이 되므로

$$\dfrac{2}{3} \div 6 = \dfrac{2}{3} \div \dfrac{6}{1}$$

이 되지요. 이때 나누는 분수의 분자와 분모를 바꾼 다음 곱셈으로 고쳐서 계산하면 다음과 같아요.

$$\frac{2}{3} \div 6 = \frac{2}{3} \div \frac{6}{1}$$

$$= \frac{2}{3} \times \frac{1}{6} = \frac{\cancel{2}^1}{\cancel{18}_9}$$

$$= \frac{1}{9}$$

 이번에는 자연수를 분수로 나누는 것에 대해 생각해 보기로 해요. 예를 들어, $2 \div \frac{2}{5}$를 계산해 봅시다.

 먼저, 2를 분수로 고치면 $\frac{2}{1}$이므로

$$2 \div \frac{2}{5} = \frac{2}{1} \div \frac{2}{5}$$

가 되지요. 이때 나누는 분수의 분자와 분모를 바꿔 곱셈으로 고쳐서 계산하면 다음과 같습니다.

$$2 \div \frac{2}{5} = \frac{2}{1} \div \frac{2}{5}$$

$$= \frac{2}{1} \times \frac{5}{2} = \frac{\cancel{10}^5}{\cancel{2}_1}$$

$$= \frac{5}{1} = 5$$

생활 수학 카페

이중창과 분수의 곱셈

유리창 두 개를 겹친 이중창을 이용하면 단열 효과 외에도 외부로부터 들어오는 소음을 줄일 수 있습니다. 왜 이중창을 이용하면 외부 소리가 작게 들릴까요? 이것은 분수의 곱셈과 관계 있답니다.

일반적으로 소리는 유리창 하나를 통과하면서 소리의 세기가 약해집니다. 처음 소리의 세기를 1이라 하고, 유리창 하나를 통과한 후 소리의 세기가 $\frac{2}{5}$로 줄어들었다고 해 보죠.

유리창 하나를 사용한 경우, 외부 소리의 $\frac{2}{5}$가 방안으로 들어오게 됩니다. 즉 외부 소리의 40 % 정도를 방안에서도 듣게 되지요.

하지만 창을 두 개 사용하면, 하나의 창을 통과할 때 마다 소리의 세기가 $\frac{2}{5}$배씩 감소하므로, 두 개의 유리창을 통과한 후 소리의 세기는

$$\frac{2}{5} \times \frac{2}{5} = \frac{4}{25}$$

로 줄어듭니다. 즉 외부 소리의 16 % 정도만이 방안으로 들어오게 되므로, 이중창을 이용하면 유리창이 하나일 때보다 조용한 방이 됩니다.

> 기본 다지기

1. $\dfrac{3}{7} \times \dfrac{14}{15}$ 를 계산하면?

   a) $\dfrac{1}{5}$ b) $\dfrac{2}{5}$ c) $\dfrac{4}{5}$

2. 4명이 똑같은 액수를 받고 3일 동안 일을 해서 36000원을 받았다. 10명이 7일 동안 일했다면 받은 돈은 모두 얼마인가?

   a) 210000원   b) 300000원   c) 420000원

3. $2 \div \dfrac{2}{5}$ 를 계산하면?

   a) 1   b) 5   c) $\dfrac{4}{5}$

서프라이즈 진실 혹은 거짓

1. $4 + 1\frac{2}{5}$ 에서 더하기를 곱하기로 바꿔도 값이 달라지지 않는다.

   ☐ 진실   ☐ 거짓

2. $\dfrac{\frac{2}{3}}{\frac{7}{5}} = \dfrac{10}{21}$ 이다.

   ☐ 진실   ☐ 거짓

3. 다음과 같이 $\frac{1}{2}$ 을 끝없이 곱하면 0이 된다.

$$\left(\frac{1}{2}\right) \times \left(\frac{1}{2}\right) \times \cdots = 0$$

   ☐ 진실   ☐ 거짓

알쏭달쏭 내 생각

피타고라스의 제자들 중 남자 제자의 $\frac{1}{2}$은 수학의 아름다움을 연구하고, $\frac{1}{4}$은 자연을 연구하고, $\frac{1}{7}$은 사색을 즐긴다. 그 밖에 여자 제자가 3명이 더 있다.

피타고라스의 제자는 모두 몇 명인가?

☐ 28명   ☐ 30명

기본 다지기

1. b)

2. a) 4명이 일해 10000원을 받으면, 한 사람이 받은 일당은 10000원의 $\frac{1}{4}$이므로 $10000 \times \frac{1}{4}$이다. 한 사람이 3일 동안 일을 해서 9000원을 받으면, 하루 일당은 9000원의 $\frac{1}{3}$이므로 $9000 \times \frac{1}{3}$이다. 따라서 4명이 똑같은 액수를 받고 3일 동안 일을 하여 36000원을 받았다면, 한 사람의 일당은 36000원의 $\frac{1}{4}$의 $\frac{1}{3}$이므로, 식으로 나타내어 풀면 다음과 같다.

$$36000 \times \frac{1}{4} \times \frac{1}{3} = 3000(원)$$

한 사람의 일당이 3000원이므로, 10명이 7일 동안 일해서 받은 돈의 합은 $3000 \times 10 \times 7 = 210000(원)$이다.

3. b) $2 = \frac{2}{1}$이므로

$2 \div \frac{2}{5} = \frac{2}{1} \div \frac{2}{5} = \frac{2}{1} \times \frac{5}{2} = \frac{10}{2} = 5$

서프라이즈 진실 혹은 거짓

1. 진실

$4 + 1\frac{1}{3} = 4 + \frac{4}{3} = \frac{16}{3}$ 이고,

$4 \times 1\frac{1}{3} = 4 \times \frac{4}{3} = \frac{16}{3}$ 이 되어 값이 같다.

2. **진실**

   $\dfrac{\frac{2}{3}}{\frac{7}{5}} = \frac{2}{3} \div \frac{7}{5} = \frac{2}{3} \times \frac{5}{7} = \frac{10}{21}$

3. **진실**

   1보다 작은 수를 끝없이 곱하면 0이 된다. $\frac{1}{3}$ 도 1보다 작은 수이므로 이 수를 끝없이 곱하면 0이 된다.

알쏭달쏭 내 생각

답 **28명이다.**

$\frac{1}{2} + \frac{1}{4} + \frac{1}{7} = \frac{25}{28}$ 이므로, 제자의 $\frac{3}{28}$ 이 여제자 3명이다.

그러므로 전체 제자의 수는 $3 \div \frac{3}{28}$ (명)이다.

계산하면,

$3 \div \frac{3}{28} = \frac{3}{1} \times \frac{28}{3} = 28$

스테이지 4

여신과의 대결
여러 가지 분수식

분수를 이용한 여러 가지
재미있는 분수식들에 대해 알아보자.

매쓰팬은 아직도 분수와 도형의 나라를 헤매고 있었다. 이번 분수여행은 결코 쉽지가 않았다. 안개 외에는 집으로 가는 출구를 찾을만한 실마리가 전혀 없다는 게 문제였다. 게다가 안개를 발견하고 달려가 보면, 굴뚝에서 피어오르는 연기이거나 공사장 근처에서 이는 모래바람이기 일쑤였다.

"이대로 가상 세계에서 미아가 될 순 없어!"

매쓰팬은 결코 그런 일이 일어나서는 안 된다는 듯 힘주어 외쳤다. 그리고 집으로 돌아가는 길을 찾기 위해 걷고, 또 걷고, 끝도 없이 걸었다.

"아, 피곤해. 여기서 잠시 쉬었다 가야겠군."

매쓰팬은 들판 한가운데에 우뚝 서 있는 커다란 느티나무 앞에서 걸음을 멈추었다. 그리고 느티나무 아래에 벌러덩 누워 버렸다.

그때 느닷없이 느티나무 잎사귀들이 흔들리면서 하나 둘 떨어져 내리기 시작했다. 허공에서 뱅그르르 돌며 떨어지는 나뭇잎들을 보자 매쓰팬은 졸음이 밀려왔다.

하지만 그것도 잠시, 울창한 느티나무 가지들 사이로 뚱뚱한 남자애의 모습이 보이는가 싶더니, 별안간 아래를 향해 뛰어내렸다.

"으악~ 안 돼!"

그 애의 펑퍼짐한 엉덩이가 하필이면 매쓰팬의 얼굴을 확 덮쳤다. 매쓰팬은 그 충격으로 머리가 핑글핑글 돌았다.

"우웩! 냄새나는 이 엉덩이 좀 치워줄래?"

"어, 어. 미안해. 괜찮아?"

"지금 내가 괜찮아 보여? 그렇게 갑자기 뛰어내리면 어떡해?"

남자애는 풀밭 위로 몸을 굴렸다. 매쓰팬은 토하는 시늉을 하면서 옆구리를 움켜쥐고 힘겹게 일어났다.

"나무 아래에 누가 누워 있을 줄 알았나, 뭐."

"느티나무 위에 사람이 있다는 게 더 이상하거든!"

"나도 어쩔 수 없었어. 그래야 여신을 만날 수 있으니까!"

"뭐, 여신?"

"그래, 여신! 우리 반 애가 분명히 이 느티나무에서 여신을 만났다고 했거든."

여신이라는 말에 매쓰팬은 귀가 솔깃했다. 혹시 그 여신이 집으로 가는 출구를 알지도 모른다는 생각이 들었던 것이다. 여신은 말 그대로 신이니까 뭐든 알고 있을 게 분명했다.

"여신이라니…… 그게 무슨 말이야?"

"무슨 소원이든 다 들어 준다는 워니 여신님을 만나려고 기다리고 있는데, 엉뚱하게 네가 나타난 거란 말이야."

"정말 그 여신이 여기 있다고? 무슨 소원이든 다 들어주는 여신이 틀림없어?"

"틀림없어! 그래서 난 수학을 잘하게 해달라고 부탁하러 온 거야. 아침부터 계속 기다리다 무슨 소리가 나기에 난 워니 여신이 온 줄 알았지."

남자애가 말을 마치자마자 느티나무 잎사귀들이 또다시 흔들리기 시작했다. 그러더니 눈 깜짝할 사이에 가지 사이로 동그란 안경을 쓴 땅딸막한 여자애가 나타났다.

"날 기다렸다는 애가 누구냐?"

뿔테안경을 코끝까지 내려쓴 조그만 여자애가 앙칼진 목소리로 물었다. 매쓰팬이 갑자기 웃음을 터뜨렸다.

"하하하. 난 매쓰팬이야. 그런데 넌 누구니? 안경이나 좀 제대로 써."

"너희들 여신 기다린다고 하지 않았어?"

"어, 너도 워니 여신을 기다리는 중이구나. 난 팡푸네라고 해. 내가 제일 먼저 왔으니까 너는 얘 다음이야."

팡푸네가 매쓰팬을 가리키며 여자애에게 말했다.

"무슨 소리! 내가 그 여신이란 말이닷!"

매쓰팬과 팡푸네의 눈이 휘둥그레졌다.

"정말? 우하하하~ 아이고 배야! 네가 여신이라고?"

"그러게 말야."

매쓰팬과 팡푸네가 낄낄대고 웃었다. 워니 여신은 두 사람의 행동에는 관심 없다는 듯 뒷머리를 매만졌다.

"여신이라면 팔등신 몸매에 하늘하늘한 옷을 입고, 여왕처럼 우아한 자태를 지녀야 하지 않나?"

매쓰팬은 자신이 상상하던 여신의 모습을 떠올리면서 목소리를 높였다.

"내 말이 그 말이야!"

느티나무에서 떨어진 팡푸네도 맞장구를 쳤다.

"외모에 대한 어리석은 편견을 가진 한심한 애들이로군. 흥!"

워니 여신은 둘을 가만히 노려보았다. 그러더니 몸을 휙 돌려 그곳을 떠나려고 했다.

"아, 아니. 잠깐만!"

매쓰팬이 다급하게 워니 여신을 붙들었다. 하지만 화가 난 워니 여신은 매쓰팬의 말을 들은 체 만 체했다.

"외모만 보고 판단해서 정말 미안해. 워니 여신님!"

매쓰팬이 진심으로 사과하자 그제야 워니 여신은 미소를 지으며 뒤돌아봤다.

"그런데 너희들 왜 나를 기다렸지?"

앙칼진 모습이 여신이라기보다는 꼬마 마녀처럼 느껴졌지만, 둘은 웃음을 꾹 참으며 워니 여신에게 공손하게 부탁했다.

"우릴 좀 도와줘."

"흥! 내가 왜 버릇없는 너희를 도와야 하지?"

"워니 여신님이잖아!"

잠시 고민하던 워니 여신은 화가 조금 누그러진 목소리로 말했다.

"좋아! 그럼, 내가 낸 수학문제의 답을 맞추면 너희들이 원하는 소원을 들어줄게. 하지만 문제를 풀지 못하면, 너흰 국물도 없어!"

팡푸네는 수학문제라는 말에 깜짝 놀라 눈이 커다래졌다. 세상에서 가장 싫어하는 수학문제를 낸다니. 팡푸네는 걱정이 앞서다 못해 온몸이 달달 떨렸다.

조금 전 매쓰팬과 팡푸네의 얘기를 엿들은 워니 여신은 둘 다 수학을 전혀 못할 거라고 생각했다. 분명 자신이 낸 문제를 풀지 못할 테니, 그러면 소원을 들어줘야 할 이유도 당연히 없는 것이었다.

"자, 그럼 문제를 낼 테니 잘 들어. $\frac{1}{2}+\frac{1}{4}+\frac{1}{8}+\frac{1}{16}+\cdots$ 이렇게 끝없이 더해 나가면 그 값은 결국 얼마가 되지?"

매쓰팬은 순간 당황하고 말았다. 분수라면 자신 있는데, 분수들을 끝없이 더한다니. 대체 값이 얼마가 될지 짐작조차 하기 어려웠다.

"난 기권할래!"

팡푸네는 문제를 듣자마자 바로 포기해 버렸다. 먹을 거라면 얼마든지 먹을 수 있지만, 자연수도 아닌 분수를 더해야 한다고 생각하니 머릿속이 뒤죽박죽되면서 골치가 아파왔던 것이다.

하지만 매쓰팬은 포기할 수 없었다. 수학천재라는 별명을 쉽게 얻은 건 아니니까. 귀신이 무서워 도망친 적은 있어도 수학문제가 어려워 포기한 적은 아직까진 없었다. 게

다가 워니 여신이 낸 수학문제는 집으로 돌아가는 방법이 걸려 있는 만큼 꼭 풀어야만 했다.

매쓰팬은 자리에 웅크리고 앉아 땅바닥에 수를 적었다 지웠다 하기를 몇 번이고 반복하며 열심히 문제를 풀었다.

워니 여신은 팔장을 낀 채 도도하고 거만한 표정으로 매쓰팬을 지켜보았다. 그러더니 지루하다는 듯 나오지도 않는 하품을 억지로 몇 번이나 해댔다.

"모르겠지? 이젠 그냥 포기하렴. 너희들 소원을 들어줄 수 없어서 안타깝구나."

"잠깐! 5분만 더 시간을 줘!"

매쓰팬은 마침 좋은 생각이 떠올라 워니 여신에게 소리쳤다. 그리고 땅바닥에 도형을 그리기 시작했다.

그런 매쓰팬의 모습을 지켜보던 워니 여신의 얼굴이 점점 어두워져 갔다.

'이 녀석 실력이 대단하군. 이러다가 문제를 푸는 거 아냐? 아냐, 내가 아는 분수 문제 중에서 가장 어려운 걸 냈는데 그렇게 쉽게 풀 수는 없을 거야. 암, 그렇고말고!'

워니 여신은 팔장을 끼고 서서 다시 자신만만한 표정을 지어 보였다.

"야호! 드디어 풀었다. 정답은 1 이야, 워니 여신!"

매쓰팬이 의기양양하게 말했다. 순간, 화들짝 놀란 워니 여신은 마술봉을 떨어뜨리고 말았다. 지금까지 이 문제를 푼 사람이 단 한 명도 없었는데, 머리가 수세미처럼 뒤엉킨 이상하게 생긴 녀석이 풀었기 때문이었다. 하지만 워니 여신도 호락호락 물러서지 않았다.

"흥! 제대로 풀었는지 풀이 과정을 한번 설명해 봐!"

"그거야 어렵지 않지!"

매쓰팬은 얼마 전 아이템으로 얻은 색종이와 가위를 주머니에서 꺼냈다. 그리고 워니 여신과 팡푸네가 지켜보는

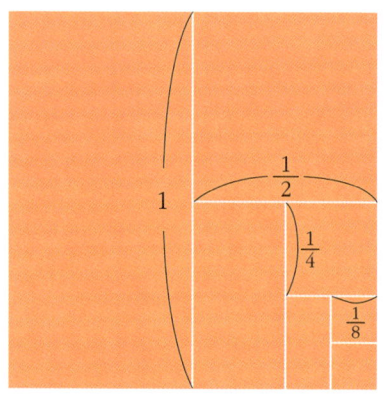

가운데 가위로 색종이를 다음과 같이 자르기 시작했다.

"자, 이 색종이를 한 변의 길이가 1인 정사각형이라고 해

볼게. 이것을 반으로 자르면 넓이가 $\frac{1}{2}$이 되지? 다시 그 반의반은 $\frac{1}{4}$이 되고, 그 반의반은 $\frac{1}{8}$이 되고…… 이런 식으로 계속 더하다 보면, 결국 원래 색종이의 넓이인 1과 같아질 거야. 그러니까 문제의 답은 1이야."

매쓰팬의 말에 워니 여신의 표정은 일그러진 반면, 팡푸네는 놀란 표정이었다. 결국 워니 여신은 정답을 인정할 수밖에 없었다.

"맞아, 1이 정답이야."

"우와! 매쓰팬 정말 대단하다. 부럽다, 부러워!"

팡푸네는 만세를 부르며 난리법석을 떨었다.

이제 워니 여신은 어쩔 수 없이 약속한대로 매쓰팬과 팡푸네의 소원을 들어주어야만 했다.

워니 여신이 팡푸네에게 물었다.

"네 소원은 뭐지?"

"난 수학을 잘하게…… 아니, 얘처럼 만들어 줘."

소시지처럼 통통한 팡푸네의 손가락이 매쓰팬을 가리켰다.

"뭐라구? 나처럼 된다고?"

매쓰팬이 깜짝 놀라 소리쳤다.

"그래. 나도 너처럼 수학을 잘하고 싶단 말이야."

"수학을 잘하려면 개념을 잘 이해하고, 문제를 많이 풀어 봐야지. 누굴 닮는다고 해결될 문제가 아닌 거 같은데……."

"팡푸네, 혹시 소원을 바꿀 생각 없어?"

둘의 대화를 듣고 있던 워니 여신이 재차 물었다.

"없어! 매쓰팬처럼 되면 나도 틀림없이 수학 잘하게 될 거야!"

"헉, 못 말리겠군!"

매쓰팬은 더 이상 할 말이 없었다.

워니 여신이 주문을 한참동안 외웠다. 잠시 후, '뿅—' 소리와 함께 팡푸네는 '뚱뚱한 매쓰팬'으로 변했다. 그 모습을 본 매쓰팬은 한 번 더 놀라고 말았다.

'헉, 난 절대로 뚱뚱해지면 안 되겠다.'

매쓰팬의 모습으로 변한 팡푸네는 흐뭇한 표정을 한 채 바닥에 숫자들을 적기 시작했다.

이제 매쓰팬이 소원을 말할 차례였다.

"좋아, 친구의 소원을 들어주었으니, 이제 네 소원을 말해 봐."

워니 여신이 매쓰팬에게 말했다.

"난 안개를 통해 이 세계로 들어왔어. 이젠 집에 돌아가고 싶은데, 아무리 찾아도 나가는 길을 찾을 수가 없어. 날 집으로 돌려보내 줘!"

"그 정도쯤이야 식은 죽 먹기지. 자, 기대해!"

워니 여신은 팡푸네의 소원을 들어줄 때처럼 주문을 외우기 시작했다.

"지비가고파 울라 지비가고파 울라 지비가고파 울랄라~ 울라 울라 울랄라~ 열려라 열려 울랄라 울라 울라!"

주문이 계속되자 주위에서 뭉게뭉게 안개가 피어올랐다. 잠시 후, 졸음이 밀려들면서 매쓰팬은 정신을 잃고 말았다.

*

"일어나, 매쓰팬! 요즘 왜 이렇게 늑장을 부리니? 오늘 학교에서 봉사활동 가기로 했잖니!"

엄마의 목소리가 어디선가 어렴풋이 들려오다 점점 가까워지더니 이제는 고막이 터질 정도로 크게 들렸다. 눈을 번쩍 뜬 매쓰팬은 벌떡 일어나 엄마를 와락 끌어안았다.

"야호! 사랑하는 엄마! 마미! 마더! 어머니!"

엄마 발치에서 코코가 반갑다는 듯 정신없이 꼬리를 흔

들어댔다.

"무사히 집으로 돌아왔구나. 고마워, 워니 여신님!"

매쓰팬은 문득 자신의 모습으로 변한 팡푸네가 떠올랐다. 팡푸네는 이제 수학이 재미있을까?

축하합니다.

당신은 모든 스테이지를
통과했습니다.

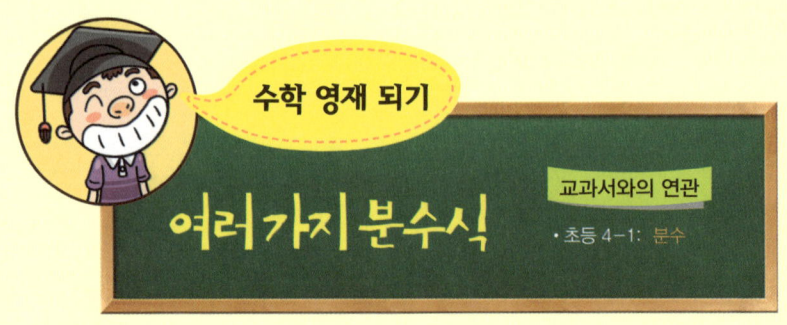

여러 가지 분수식

이번에는 결과가 간단하게 나오는, 끝없는 분수의 덧셈에 대해서 배워볼게요. 다음 식을 살펴봅시다.

$$\frac{1}{2\times3} + \frac{1}{3\times4} + \frac{1}{4\times5} + \frac{1}{5\times6} + \cdots$$

이것을 계산하면 얼마가 나올까요? 뭔가 굉장히 복잡해 보이는데, 이렇게 복잡한 문제는 가장 먼저 규칙을 찾아야 해요. 혹시 어떤 규칙이 있는지 발견했나요?

이 식은 각각의 분모가 이웃하는 두 자연수의 곱셈으로 되어 있어요. 그런데 이런 분수를 다음과 같이 간단하게 두 분수의 차로 바꿀 수 있어요.

먼저, $\frac{1}{2} - \frac{1}{3}$ 을 계산하면 얼마일까요?

분모의 최소공배수를 찾아서 계산하면 $\frac{1}{6}$ 입니다.

$\frac{1}{3} - \frac{1}{4}$ 을 계산하면 얼마일까요? $\frac{1}{12}$ 이군요.

그럼, $\frac{1}{4} - \frac{1}{5}$ 을 계산하면 얼마일까요? $\frac{1}{20}$ 이지요.

이 분수들의 분모를 다시 한번 살펴볼까요?

6을 이웃하는 두 수의 곱으로 나타내면 2×3이에요. 12를 이웃하는 두 수의 곱으로 나타내면 3×4가 되지요. 그리고 20을 이웃하는 두 수의 곱으로 나타내면 4×5가 됩니다. 이것을 정리하면 다음과 같아요.

$$\frac{1}{2} - \frac{1}{3} = \frac{1}{2 \times 3}$$

$$\frac{1}{3} - \frac{1}{4} = \frac{1}{3 \times 4}$$

$$\frac{1}{4} - \frac{1}{5} = \frac{1}{4 \times 5}$$

정말 재미있는 규칙이 나왔지요? 이것을 이용하여 앞에서 구하려고 하는 식을 다시 써 보면, 다음과 같답니다.

$$(\frac{1}{2} - \frac{1}{3}) + (\frac{1}{3} - \frac{1}{4}) + (\frac{1}{4} - \frac{1}{5}) + \cdots$$

괄호는 생략해도 되므로 위의 결과는

$$\frac{1}{2} - \frac{1}{3} + \frac{1}{3} - \frac{1}{4} + \frac{1}{4} - \frac{1}{5} + \cdots = \frac{1}{2}$$

이 됩니다. $\frac{1}{3}$, $\frac{1}{4}$, $\frac{1}{5}$, …은 더하고 빼면서 0이 되어 모

두 사라지고 결국 $\frac{1}{2}$만 남게 되지요. 그리고 바로 이것이 답이랍니다.

생활 수학 카페

제논 패러독스

제논의 패러독스는 무엇을 뜻할까요?
 아킬레스와 거북이가 있다고 해 봅시다. 거북이가 아킬레스보다 앞서 출발하면 아킬레스가 아무리 빨라도 거북이를 추월할 수 없다는 것이 바로 제논의 패러독스입니다.
 왜 그럴까요? 거북이가 아킬레스보다 앞에서 출발했으므로, 거북이가 아무리 느리다고 해도 아킬레스가 원래 거북이가 있던 곳까지 오면 거북이도 얼마쯤 전진해 있게 되지요. 이런 식의 논리대로라면 아킬레스는 거북이를 영원히 추월할 수 없게 됩니다. 그런데 아무리 거북이가 앞서 출발하더라도 아킬레스가 쉽게 거북이를 추월할 수 있으니 이상하죠?
 자, 이제 제논의 패러독스를 해결해 봅시다.
 아킬레스의 속력은 초속 10m 거북이의 속력은 초속 1m라고 하고, 거북이가 100m 앞에서 출발한다고 합시다. 아킬레스가 100m 뒤에 있으니까, 먼저 100m를 따라잡을 때까지의 시간을 구해야 합니다. 시간은 거리를 속력으로 나눈 값이므로, 아킬레스가 거북이가 처음 있던 위치까지 가는 데는 10초 걸립니다. 그 시간 동안 거북이도 10m를 전진하므로 10초 후에 거북이는 아킬레스보다 10m 앞에 있게 됩니다. 같은 방법을 적용하면 다시 아킬레스가 10m를 가는 데 걸리는 시간은 1초가 되고, 그 시간 동안 거북이는 1m를 가니까 아킬레스보다 1m 앞에 있는 셈이지요. 다시 아킬레스가 1m를 가는 데 걸리는 시간은 $\frac{1}{10}$초고 그 시간 동안 거북이는 $\frac{1}{10}$m를 가므로, 거북이는 $\frac{1}{10}$m 앞에 있게 됩니다. 이런 식으로 계속될 때 아킬레스가 거북이를 따라 잡는데 걸리는 시간을 T 라고 하면,

$$T = 10 + 1 + \frac{1}{10} + \frac{1}{100} + \frac{1}{1000} + \cdots (초)$$

가 됩니다. T에 $\frac{1}{10}$을 곱하면

$$\frac{1}{10} \times T = 1 + \frac{1}{10} + \frac{1}{100} + \frac{1}{1000} + \cdots (초)$$

가 되고, 두 식으로부터

$$T = 10 + 0.1 \times T$$

가 되며, 양변에 10을 똑같이 곱하면

$$10 \times T = 100 + T$$

가 됩니다. 이때

$$10 \times T = T+T+T+T+T+T+T+T+T+T$$

이므로, 양변에서 T를 똑같이 빼주면

$$9 \times T = 100$$

이 되고 양변을 똑같이 9로 나누면

$$T = \frac{100}{9} (초)$$

이므로 $\frac{100}{9}$초 후에 아킬레스는 거북이를 따라잡을 수 있습니다.

기본 다지기

1. $\frac{1}{12} = \frac{1}{3} - \frac{1}{\square}$ 에서 $\square$에 알맞은 수는?

   a) 1   b) 2   c) 4

2. $\frac{1}{30}$을 두 분수의 뺄셈으로 고칠 때 분모에 나타나지 않는 수는?

   a) 4   b) 5   c) 6

서프라이즈 진실 혹은 거짓

1. $1 + \frac{1}{2} + \frac{1}{4} + \frac{1}{8} + \cdots = 2$ 다.

   ☐ 진실   ☐ 거짓

2. $\frac{1}{9}$을 분모가 10의 거듭제곱인 단위분수들의 합으로 나타낼 수 있다.

　　　　　　☐ 진실　　　　　☐ 거짓

3. $\frac{55}{99}$ 와 $\frac{555}{999}$ 는 같다.

　　　　　　☐ 진실　　　　　☐ 거짓

알쏭달쏭 내 생각

수학경시대회의 결승전 문제로 다음과 같은 문제가 나왔다.

> 다음 ☐ 안에 알맞은 수는?
>
> 1, $\frac{1}{2}$, 1, $\frac{1}{3}$, $\frac{2}{3}$, 1, $\frac{1}{4}$, $\frac{1}{2}$, ☐, 1, ⋯

☐ 안에 알맞은 수는 얼마일까?
여러분의 생각은?

아하! 알았다 정답

기본 다지기

1. c) $\frac{1}{3} - \frac{1}{4} = \frac{4}{12} - \frac{3}{12} = \frac{1}{12}$ 이다.

2. a) $\frac{1}{30} = \frac{1}{5} - \frac{1}{6}$

서프라이즈 진실 혹은 거짓

1. **진실**

$\frac{1}{2} + \frac{1}{4} + \frac{1}{8} + \frac{1}{16} + \cdots = 1$ 이므로

$1 + \frac{1}{2} + \frac{1}{4} + \frac{1}{8} + \frac{1}{16} + \cdots = 1 + 1 = 2$ 다.

2. **진실**

$\frac{1}{9} = 0.1111\cdots$ 이므로 $\frac{1}{9} = 0.1 + 0.01 + 0.001 + \cdots$ 이다.

여기서 $0.1 = \frac{1}{10}$ 이고 $0.01 = \frac{1}{100} = \frac{1}{10^2}$,

$0.001 = \frac{1}{1000} = \frac{1}{10^3}$ 이므로 다음과 같이 쓸 수 있다.

$\frac{1}{9} = \frac{1}{10} + \frac{1}{10^2} + \frac{1}{10^3} + \cdots$

3. **진실**

$$\frac{55}{99} = \frac{5 \times 11}{9 \times 11} = \frac{5}{9}$$

$$\frac{555}{999} = \frac{5 \times 111}{9 \times 111} = \frac{5}{9}$$ 이므로, 두 분수는 같다.

알쏭달쏭 내 생각

답 $\frac{3}{4}$

주어진 수들을 다음과 같이 다시 쓸 수 있다.

$\frac{1}{1}, \frac{1}{2}, \frac{2}{2}, \frac{1}{3}, \frac{2}{3}, \frac{3}{3}, \frac{1}{4}, \frac{2}{4}, \square, \frac{4}{4}, \cdots$

그러므로 $\square$에 알맞은 수는 $\frac{3}{4}$이다.

부록 | 수학자가 쓰는 수학사

아메스가 쓰는 수학사

아메스 (B.C. 1650년경)

분수의 기원

안녕하세요? 기원전 1650년경 세계 최초의 수학책 《아메스 파피루스》를 만든 아메스입니다. 최초의 수학자로 알려진 나는 신을 모시는 일을 도와주는 관리였지요. 나는 파피루스에 수학 내용을 옮겨적었어요.

분수는 어떻게 만들어졌을까요? 석기 시대에는 생활하는 데 분수가 그다지 필요하지 않았지만 청동기 시대로 접어들면서 사람들은 물건을 나누고 셈하는 과정에서 점차 분수를 필요로 하게 되었습니다.

처음 분수를 사용한 사람들은 고대 이집트인들입니다. 그들은 주로 단위분수를 나타내는 기호를 만들어서 사용했지요. 단위분수란 $\frac{1}{2}, \frac{1}{3}, \frac{1}{5}$ 과 같이 분자가 1인 분수를 말한답니다.

고대 이집트인들은 단위분수를 나타내는 새로운 기호를 만들었어요. 예를 들어, $\frac{1}{2}$을 나타내는 기호로 다음과 같은 모양을 도입했지요.

또한 $\frac{1}{3}$을 나타내기 위하여 위에는 분자 1을 나타내는 ◯를 쓰고 그 아래는 분모 3을 나타내는 |||을 썼습니다.

$\frac{1}{10}$은 위에는 분자 1을 나타내는 기호를 쓰고 아래에는 분모 10을 나타내는 기호를 써서 다음과 같이 나타냈지요.

하지만 고대 이집트인들이 단위분수만을 사용했던 것은 아니

| 부록 | 아메스가 쓰는 수학사

랍니다. 실생활에서 $\frac{2}{3}$가 자주 사용되었기 때문에 이 분수를 나타내는 기호를 다음과 같이 만들었습니다.

이것은 얼핏보면 $\frac{1}{2}$을 나타내는 기호 같지만 고대 이집트 인들은 $\frac{1}{2}$을 나타내는 다른 기호가 있었기 때문에 이 기호를 $\frac{2}{3}$를 나타내는 기호로 사용했답니다.

호루스의 눈과 분수

고대 이집트에는 그리스와 로마에 뒤지지 않을 만큼 많은 신이 있었어요. 그들에 대한 신화가 지금까지도 전해져 내려오고 있는데, 그중에 단위분수와 관련된 재미있는 신화가 있답니다. 바로 호루스의 눈에 관한 신화지요.

고대 이집트의 무덤이나 신전에는 다양한 신들의 형상이 그려져 있습니다. 그 벽화들에는 이상하게 생긴 눈이 유독 많이 그려져 있는데, 이 눈이 바로 '호루스의 눈'이랍니다.

매의 머리를 한 호루스 신은 이집트 왕을 나타냅니다. 그리고

이집트 무덤 벽화의 호루스의 눈

 호루스의 오른쪽 눈은 태양, 왼쪽 눈은 달을 상징하지요. 호루스의 눈은 파라오의 왕권을 보호하는 상징으로, 지혜와 건강과 번영을 가져다준다고 하여 이집트인들에게는 매우 중요한 부적 역할을 한답니다.

 호루스의 눈에 대한 이집트 신화는 그의 아버지 오시리스 신까지 거슬러 올라갑니다. 이집트를 다스리던 오시리스 왕은 동생 세트에게 살해당한 뒤, 여덟 조각으로 찢겨 나일 강에 버려지고 맙니다. 오시리스의 아내 이시스는 여러 곳으로 흩어진 남

| 부록 | 아메스가 쓰는 수학사 |

편의 시신을 오랫동안 찾아 헤매지요. 그리고 결국 남편의 조각난 시신을 모두 찾아서 붙인 후 입김을 불어넣어 부활시킵니다. 부활한 오시리스는 이후에 사후 세계의 신이 되지요.

한편, 아버지의 원수를 갚기 위해 오랜 세월 동안 세트와 싸웠던 오시리스의 아들 호루스는 결국 싸움에서 승리하고, 마침내 이집트의 왕이 됩니다.

하지만 이 싸움에서 호루스는 달을 상징하는 왼쪽 눈을 세트에게 뽑히고 말아요. 세트는 뽑아낸 호루스의 눈을 $\frac{1}{2}, \frac{1}{4}, \frac{1}{8}, \frac{1}{16}, \frac{1}{32}, \frac{1}{64}$ 로 조각내어 버립니다.

이렇게 흩어진 호루스의 눈은 지혜의 신 토트가 모아서 다시 만들어 주었다고 해요. 그런데 조각난 호루스의 눈을 모두 더

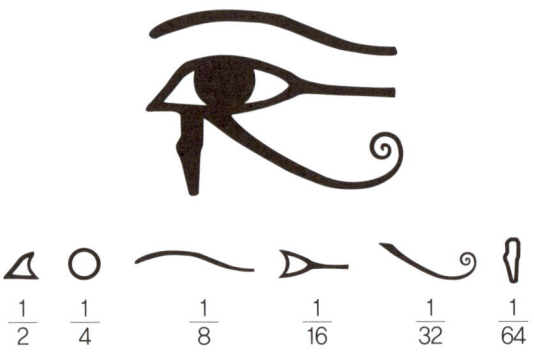

하면 $\frac{63}{64}$으로 1이 되기 위해서는 $\frac{1}{64}$이 모자랐어요. 이때 역시 호루스의 눈을 치유해 준 토트가 주문으로 부족한 $\frac{1}{64}$을 채워주었다고 합니다.

고대 이집트뿐만 아니라 바빌로니아인들도 분수를 사용했어요. 바빌로니아인들은 $\frac{1}{2}$, $\frac{1}{3}$, $\frac{2}{3}$, $\frac{5}{6}$를 다음과 같이 나타냈습니다.

𒐕	$\frac{1}{2}$
𒐖	$\frac{1}{3}$
𒐗	$\frac{2}{3}$
𒐘	$\frac{5}{6}$

세계 최초의 수학책 《아메스 파피루스》와 분수

세계 4대 문명의 발상지는 이집트의 나일 강, 바빌로니아의 티그리스 강과 유프라테스 강, 인도의 인더스 강, 그리고 중국의 황하입니다.

수학의 시작도 문명의 발상지로부터 시작되었는데, 기원전

부록 — 아메스가 쓰는 수학사

최초의 수학책《아메스 파피루스》의 일부

1650년경 나는 파피루스에 수학에 관한 내용을 적었습니다. 《아메스 파피루스》는 1858년 스코틀랜드의 골동품 수집가 헨리 린드가 테베의 고대 건물 폐허에서 발견된 것을 구입한 후 세상에 알려지게 되었어요. 그래서 '린드 파피루스'라고도 불리기도 하지요.

원래 파피루스는 이집트의 나일 강변에서 자라는 물풀을 말해요. 그리고 이것으로 만든 종이 역시 파피루스라고 부른답니다. 종이를 영어로 페이퍼(paper)라고 하는데, 그 어원도 파피루스(Paoirus)에서 나온 거예요.

나는 파피루스에 분수의 계산 방법은 물론 삼각형이나 원과 같은 도형의 면적을 구하는 문제, 원기둥이나 피라미드의 부피를 구하는 문제, 수열과 급수에 관한 문제 등 여러 가지 내용을 기록했어요.

분수에 관한 연구는 임의의 분수를 단위분수의 합으로 나타내는 것이었지요. 예를 들어 $\frac{5}{6}$는 분자가 5이므로 단위분수가 아니지만, 다음과 같이 단위분수의 합으로 나타낼 수 있어요.

$$\frac{5}{6} = \frac{1}{2} + \frac{1}{3}$$

나는 우선 분자가 2이고 분모가 홀수인 분수를 단위분수의 합으로 나타냈어요.

$$\frac{2}{5} = \frac{1}{3} + \frac{1}{15} \qquad (1-1)$$

$$\frac{2}{7} = \frac{1}{4} + \frac{1}{28} \qquad (1-2)$$

$$\frac{2}{9} = \frac{1}{6} + \frac{1}{18} \qquad (1-3)$$

$$\frac{2}{11} = \frac{1}{6} + \frac{1}{66} \qquad (1-4)$$

$$\frac{2}{13} = \frac{1}{8} + \frac{1}{52} + \frac{1}{104} \qquad (1-5)$$

$$\frac{2}{15} = \frac{1}{10} + \frac{1}{30} \qquad (1-6)$$

이런 식으로 하여 분모가 101인 경우까지 찾아냈지요.

$$\frac{2}{101} = \frac{1}{101} + \frac{1}{202} + \frac{1}{303} + \frac{1}{606} \qquad (1-7)$$

그리고 이것을 이용하여 분자가 2가 아닌 분수도 단위분수의

합으로 나타낼 수 있었습니다. 예를 들어,

$$\frac{3}{5} = \frac{2}{5} + \frac{1}{5}$$

이고 (1-1)을 이용하면

$$\frac{3}{5} = (\frac{1}{3} + \frac{1}{15}) + \frac{1}{5} = \frac{1}{3} + \frac{1}{5} + \frac{1}{15}$$

이 되지요. 또 다른 예를 들어 볼까요?

$$\frac{4}{7} = 2 \times \frac{2}{7}$$

이고 (1-2)를 이용하면

$$\frac{4}{7} = 2 \times (\frac{1}{4} + \frac{1}{28}) = 2 \times \frac{1}{4} + 2 \times \frac{1}{28}$$

$$= \frac{2}{4} + \frac{2}{28} = \frac{1}{2} + \frac{1}{14}$$

이 된답니다.

GO! GO! 과학특공대 17

조각조각 분수

지은이 • 정 완 상
펴낸이 • 조 승 식
펴낸곳 • 도서출판 이치사이언스
등록 • 제9-128호
주소 • 01043 서울시 강북구 한천로 153길 17
홈페이지 • www.bookshill.com
전자우편 • bookshill@bookshill.com
전화 • 02-994-0107
팩스 • 02-994-0073

2012년 12월 15일   제1판 1쇄 발행
2022년 05월 15일   제1판 5쇄 발행

가격 7,500원

ISBN 978-89-98007-04-1
978-89-91215-70-2(세트)

• 잘못된 책은 구입하신 서점에서 바꿔 드립니다.

GO! GO! 과학특공대 시리즈

1. 가장 위대한 발명 **수**
2. 끼리끼리 통하는 **암호**
3. 구석구석 미치는 **힘**
4. 찌릿찌릿 통하는 **전기**
5. 온도와 상태를 변화시키는 **열**
6. 세상의 기본 알갱이 **원자**
7. 수·금·지·화·목·토·천·해 **태양계**
8. 몸무게가 줄어드는 **달**
9. 끝없는 초원에서 만난 **아프리카 동물**
10. 숨 쉬고 운동하는 **식물의 생활**
11. 달려라 달려 **속력**
12. 흔들흔들 **파동**
13. 세어볼까? **경우의 수**
14. 울려라 울려 **악기과학**
15. 초록 행성 **지구**
16. 보글보글 **기체**
17. 조각조각 **분수**
18. 반사하고 굴절하는 **빛**
19. 무게가 없는 **무중력**
20. 나눌까 곱할까? **약수와 배수**
21. 꾹꾹 눌러 **압력**
22. 뛰어 보자 **수뛰기**
23. 둥둥 뜨게 하는 **부력**
24. 외계에서 온 UFO
25. 쉽고 빠른 셈셈 **셈**
26. 우리의 가장 오랜 친구 **곤충**
27. 밀고 당기는 **자석**
28. 신기하고 놀라운 **삼각형**
29. 맞혀 볼까? **확률**
30. 한눈에 쏙쏙 **통계**

다음 책들이 곧 여러분을 만날 준비를 하고 있습니다.
많이 기대해 주세요.

- 사각형
- 비율
- 도형
- 놀이동산
- 도구
- 액체
- 화학반응
- 용액
- 숲속의 벌레
- 우리 주위의 동물
- 세계 곳곳의 동물
- 새
- 여러 종류의 동물
- 소화
- 인체
- 지구 변화
- 날씨
- 지질시대
- 바다